紅土之王

RAFA

拉法‧納達爾

RAFA NADAL

Dominic Bliss

多明尼克‧布利斯 著

李伊婷 譯

THE
KING
OF
THE
COURT

目錄

前言介紹

人們稱他為「憤怒的公牛」。當你看到納達爾在球場上不停奔馳、汗流如雨，集力量、速度與全身肌肉於一身宰制對手，原因就再明顯不過了，這個綽號甚至成為他的球衣和商品上會看到的專屬標誌──對稱的兩道閃電牛角。

然而，不要被所有這些如公牛般的男子氣概所騙了，你在球場上看到那位肌肉發達的超級英雄，他的內在也和我們所有人一樣脆弱，這種脆弱性時不時會表現在納達爾獨特的慣性動作和儀式中。

這也是這個男人如此迷人的原因：正如他自己曾經說過的，他是凡人和海克力士半神、或是克拉克·肯特和超人的綜合體。有時人們會覺得，在這副超級英雄的身軀之下，是一個害怕的小男孩在朝外窺探。畢竟，正如在接下來的篇幅中會看到的：這個大人，他仍然開著燈睡覺，並且會因雷雨而感到心煩。

這本書深入探討了納達爾兩個不同面向的角色──超人和小男孩。這令他極其堅定地居住在馬約卡島的家鄉；探究他是如何被種種的標誌特性所定義：他的左撇子，他侵略性的打球風格，他的商業興趣，他的西班牙特質，他的托尼叔叔，他的家人與朋友，他的妻子希絲卡，以及他對越來越多的大滿貫冠軍永不滿足的渴求。

除了這些對於納達爾的特質觀察，還穿插了他迄今為止職業生涯中最重要的11場比賽，從2003年他在ATP巡迴賽第一場重要勝利開始，仔細記錄了他職業生涯的巔峰，隨著他一路成長成為今日眾所周知及喜愛的世界頂尖人物，其中包括他重要的大滿貫里程碑，初次參加的台維斯盃（Davis Cup）決賽以及他的奧運金牌戰。

與此同時，貫穿全書的是一系列統計訊息圖表，為他的球場生涯提供了另一項重要洞見。運動，特別是像網球這樣的運動，永遠是人的特質和數理統計的結合。要真正瞭解納爾達這位網球運動員，需要就這兩方面進行評估。

右圖：2022年，納達爾贏得法國網球公開賽冠軍賽後留影

"

的確，在我整個職業生涯中，我經歷過一些艱難情況，但帶著正面的態度和身邊圍繞著對的人——他們是關鍵所在——我能夠找到繼續前進的方法。

——拉法‧納達爾

早年生活

在過去，馬納科爾（Manacor）以兩件事聞名：傢俱製造及人造珍珠。然而，自21世紀最初10年的早期，這兩個行業都因一位著名的馬約卡島人（可以說是有史以來最著名的馬約卡島人）拉法・納達爾，其不斷增長的名聲而全然失色。而今，這位享譽全球的網球運動員（在筆者撰寫本文時）已經擁有22座大滿貫男單冠軍，這使他的家鄉變得遐邇聞名。

從宏觀角度看來，馬納科爾並不是個特別的城鎮，居於首都馬約卡島帕爾馬（Palma de Mallorca）之後，它是島上第二或第三重要中心，具體端看你怎麼想。

而旅遊指南上的描述也不是特別友善。「網球明星拉斐爾・納達爾的故鄉，工業的馬納科爾早在你到達之前就廣泛宣揚其業務了，路邊大量的看板宣傳著傢俱、鍛鐵和人造珍珠工廠，」簡明指南（Rough Guide）上這麼寫道，「憑藉這些優勢，馬納科爾已成為馬約卡島的第二大城市，它比帕爾馬小得多，但又大到足以在四面八方催生出索然無味的近郊住宅區。然而，當地人堅持認為馬納科爾是一座『大城鎮，而不只是個城市』，為了符合這點，其舊中心進行了引人注目的翻修，將其重要的建築物拋光和擦洗，在其大道和廣場上種滿了灌木及樹木。」

雖然這城鎮確實有一些較為美麗的建築，但素樸而工業化是對它較為公允的描述方式。這城鎮的網站以其音樂和舞蹈學校、歷史博物館、圖書館、加泰隆尼亞語言學院和劇院而自豪，不過，這些都只是次要的配角，這城鎮最主要的大事，就是它最為著名的那個男孩。

如今，拉法的名字與他出生並且仍居住的這座島嶼有著密不可分的關係。每一個馬約卡島人，無論是本地人或是外來移民，都知道他是誰，他做的事以及

他長什麼樣子，稱拉法為「馬約卡先生」，並不是沒有道理的。

拉斐爾‧納達爾‧帕雷拉（Rafael Nadal Parera）生於1986年6月3日，如所有西班牙人一樣，他的第一個姓氏（每個人都知道的姓氏）是來自他的父親塞巴斯蒂安‧納達爾（Sebastián Nadal），而他的第二個姓氏則來自於他的母親安娜‧瑪麗亞‧帕雷拉（Ana Mariá Parera）。順帶一提，在全島使用的加泰隆尼亞當地方言馬約基語（Mallorqui）中，納達爾的意思是聖誕節，與英語單字「初生的」（natal）字根相同，就像耶穌基督的誕生一樣。

納達爾從4歲時開始打網球，地點在當地市中心東側公園大道（Avenida del Parc）上的馬納科爾網球俱樂部（Club Tenis Manacor）。自早期開始，其設施就進行了現代化改造，如今包括有5個網球場、2個壁球場及2個板式網球場（後兩者是在較小的封閉反彈牆球場上進行的球類運動）。但早在1990年代初期，當納達爾第一次開始去那裡打球的時候，你可能會委婉地形容那地方很不張揚，看起來很俗氣的中央會館，一樓設有一間餐廳，昔日會供應美味的披薩，旁邊是一個琳瑯滿目的酒吧，只不過，那裝潢風格帶有中世紀式的破舊，要喜歡它，確實需要一點愛。

儘管培育出有史以來最著名的歐洲網球運動員之一，但如今該俱樂部能展示出納達爾曾在此度過他絕大部分青少年時光的證據卻少得驚人，牆

左圖：馬納科爾網球俱樂部，納達爾學習網球技能的地方。

上貼著幾張廉價海報，但沒有這個人的雕像；沒有以他為命名的球場；沒有鼓勵年輕的馬納科爾人追隨其英雄腳步的牌匾。在附近，有著納達爾和家人們所建造的更大、更高科技、更令人印象深刻的網球中心：納達爾網球學院（Rafa Nadal Academy）及納達爾運動中心（Rafa Nadal Sports Centre），這使得他多年前學習技能的小俱樂部完全黯然失色。

當時，年輕的納達爾和他的家人就住在網球俱樂部對街的公寓裡，他的叔叔托尼在那裡擔任教練，那時的納達爾非常熱衷於踢足球，常常看到他和朋友們在馬納科爾的街頭踢球。有一天，他加入了叔叔正在執教的一群年輕網球運動員中。托尼說，跟足球相比，他的侄子最初覺得這項運動很無聊。納達爾本人後來回憶起，打從一開始他就是一個天生的球員。「我第一次打球時，我的手感就很好，」他說，「我從一開始就打得很好了。」

下圖左：2006年，納達爾的叔叔托尼，正在羅蘭加洛斯球場指導他的門徒。

下圖右：在法國西南部參加歐洲最高等級的Les Petits As少年網球賽。納達爾贏得2000年冠軍。

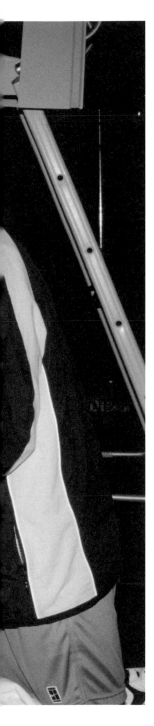

直到13歲，在托尼開始單獨指導他之前，年輕的納達爾常常參加叔叔的小組訓練，不過，身為他的侄子並沒有得到任何特殊待遇。「托尼從一開始就對我很嚴厲，比對其他孩子更嚴厲，」納達爾在他2011年的傳記中回憶道，「他對我要求很高，對我施加很大的壓力，他會用很粗暴的言語謾罵，他會大吼大叫，我很害怕——尤其是當其他男孩不在場，只有我們兩個人的時候。如果我去訓練時發現我要和他獨處，我就會特別緊張。」

納達爾聲稱托尼恐嚇他，甚至對他有「差別待遇」，強迫他在訓練結束後撿更多的球（比他指導的其他年輕球員還要多得多）。每次小組課程結束後，托尼都會命令納達爾去打掃紅土球場。每當他注意力不集中時，他會毫不猶豫地從球場另一端用網球砸他，有好幾次，納達爾回家時都對著他母親淚眼汪汪。這名球員現在相信所有這些嚴厲的愛都有助於建立他後來在職業比賽中表現出的韌性和心智強度（mental strength）。

納達爾的成長過程中有著良好教養，當托尼強烈要求他的侄子在球場上要表現得無可挑剔時（直到今日，你從不曾看過他因憤怒而摔球拍），納達爾的父母在日常生活中也對他反覆叮囑要有禮貌和禮儀，他們教他餐桌禮儀、禮節和尊重他人。當家裡有訪客時，他們要求納達爾要打招呼；在街上，若遇到認識的人，他被教導要問候寒喧；當納達爾的青年足球隊輸掉比賽時，他的父親甚至堅持讓兒子走上前對獲勝球隊的球員們一一表示祝賀。

作為家中的第一個孫子，納達爾的祖父母、叔叔和阿姨們總是對他過分寵愛，其中包括他的祖父唐‧拉斐爾‧納達爾（Don Rafael Nadal），他的外祖父佩德羅‧帕雷拉（Pedro Parera），他的姑姑和教母瑪麗

蓮‧納達爾（Marilén Nadal），還有他的舅舅和教父胡安‧帕雷拉（Juan Parera）。納達爾的小時候，這個大家庭的所有成員都住在馬納科爾或鄰近的克里斯托港（Porto Cristo）的海邊度假盛地，納達爾曾將他的成長經歷描述為「童話般的童年」。雖然他的父母現在已經離婚了，但他仍將自己在運動方面的成就歸功於這個強大、穩固的家庭背景。

在西班牙，兒女們直到結婚之前，通常會和父母住在一起。當他們最終分開住時，每到周末他們一定會整個大家族群聚，在這種文化中，人們經常在社交活動上待到很晚，通常都超過午夜時分。看到成年人晚上去餐廳吃飯，身邊帶著他們蹣跚學步的幼童或者嬰兒睡在他們旁邊的嬰兒車裡的情況十分常見。於是，小小年紀的納達爾會和他的大家族一起去酒吧及餐廳，他還記得只要一有機會就會和他的叔叔們一起踢足球。

足球在納達爾家族中佔有重要地位。塞巴斯蒂安和托尼的其他兄弟都是職業球員，拉斐爾叔叔在聯賽中成績較差的馬約卡俱樂部踢球，而米格爾‧安赫爾叔叔則是達到國際足球水準的巔峰，他曾效力於巴塞隆納足球俱樂部（FC Barcelona）、皇家馬約卡（Real Mallorca）和西班牙國家足球隊的後衛和中場球員，由於他的身體素質及在空中的力量強度，被英國小報取了「巴薩魔獸」（The Beast of Barcelona）這個外號。《泰晤士報》曾將他列為史上「最努力的足球運動員」之一。他在1990年代是球隊的主力，幫助巴薩贏得多座獎盃，包括歐洲冠軍聯賽和5個西甲冠軍。在國際賽事方面，他曾62次代表西班牙國家足球隊出賽，其中包括了3屆世界盃足球賽。

小時候，納達爾經常在帕爾馬的皇家馬約卡主場觀看叔叔的比賽，在他10歲時，有一次在訓練結束後，他陪同他叔叔前往巴塞隆納俱樂部的諾坎普球場（Camp Nou stadium），與其他球隊球員一起參加比賽。所有這一切都意味著納達爾的家族已經很習慣家中有一位體育巨星，這或許可以解釋為什麼他們似乎對於納達爾後來的成功如此處之泰然。

「我的叔叔讓我了解我將要過的生活，」納達爾後來寫道。「他賺了錢，他成名了；他出現在媒體上，所到之處盡受包圍及歡呼，但他從不自覺重要。」

納達爾父親的職業生涯不像米格爾‧安赫爾那麼光鮮獨特，但最終卻更為成功，他現在是馬約卡島最知名的商人之一（詳見第6章），在納達

右圖：2011年，
納達爾的妹妹瑪貝
爾在馬約卡島帕爾
馬。

爾還是個孩子的時候，他已經成功經營著一家玻璃製造公司，為蓬勃發展
的建築業提供門窗和桌面，這全歸功於馬約卡島是高人氣的度假島嶼而發
展起來。

　　納達爾的母親也有經商經驗，她在馬納科爾擁有並經營一家香水店，
後來她放棄一切，全心撫養納達爾和他的妹妹瑪貝爾（Maribel）。

　　比納達爾小3歲的瑪貝爾一直與他非常親近，對於不同年齡層的兄弟
姐妹來說，兄妹倆很習慣一起參與社交活動，納達爾總是催促著瑪貝爾
在晚上跟他的朋友們一起出去玩。即使到現在，當他出國參加ATP巡迴賽
時，他也聲稱會想念她。

　　就像家裡的其他成員一樣，瑪貝爾從未讓她哥哥的舉世聞名改變他們
之間的關係，即使她搬到巴塞隆納去念體育教育，她也絕口不提她那有名
的哥哥。直到一位老師在納達爾的一場法網比賽的電視鏡頭中發現瑪貝爾
之後，她密友圈之外的大學同學們才知道她的哥哥是誰。

　　運動──主要是足球或網球──佔據了納達爾大部分的年少時代，若
他沒有在馬納科爾網球俱樂部打小黃球，他就是在當地的馬納科爾足球俱

樂部（Manacor football club）踢大白球。他自認是個足球迷，夢想成為一名職業球員。11歲時，他踢左邊鋒，幫助他的青年隊贏得了巴利亞利群島的冠軍，他描述對於那次勝利所感到的喜悅等同於多年後他贏得大滿貫冠軍的喜悅。

與此同時，在托尼和他的教練苦心栽培下，他的網球技能呈指數增長。在這個階段，納達爾每週5天，每天擊球1.5小時，托尼會嚴格訓練他，鼓勵他無止盡地分析自己的比賽。

8歲時，納達爾贏得巴利亞利群島12歲以下網球賽事的勝利，考量到他面對的是來自馬約卡島、梅諾卡島（Menorca）、伊比薩島（Ibiza）和福門特拉島（Formentera）4個島嶼的兒童開放比賽，與9歲、10歲和11歲的孩子相互競爭，這絕非易事。

雖然托尼在球場上一直嚴格督促他，但沒有人比納達爾本人更努力地督促自己。「拉法是一個非常熱愛運動的孩子，」托尼曾經說過，「我總是說我喜歡對待事物的熱情，我不喜歡看到那些對自己在做的事沒有熱情的人。這就是拉法從很小的時候就擁有的，而目標是實現這樣的潛力。」

然而，托尼拒絕放縱他的侄子。即使他的網球事業成功發展，他也不斷努力讓自己保持謙遜。托尼教會他在任何時候都尊重對手的重要性，以及在比賽中表現出冷靜、認真樣態的必要性。托尼承認他會淡化，甚至貶低納達爾在早期比賽中的成功。與其為他贏得的比賽稱讚他的侄子，他的風格是具體指出他在比賽中需要改進的地方。任何勝利的跡象都很快被抹去。

納達爾家族中的其他大人對於托尼的強硬方式並不苟同，但最終，他們都還是任由他繼續施加壓力。

特別有一件事，可以概括說明托尼會如何在納達爾贏得比賽勝利時果決地打擊他。在納達爾11歲時，他已經打得非常好，這使他成功贏得了西班牙12歲以下青少年組的全國冠軍，當然，他和他的家人們都很高興，但托尼並沒有。就在其他人都想為他慶祝的時候，這位嚴厲的叔叔冒充為一名體育記者打電話給西班牙網球協會，請他們提供納達爾剛贏得的冠軍頭銜最近25名青少年冠軍的名字。然後他念出這所有25個名字，問他的侄子是否有聽過其中任何一位球員。在這25人中只有1/5的人在職業網球比賽上有獲得成就。根據托尼的說法，這表示納達爾他自己在職業巡

迴賽上只會有1/5的成功機會。

「我對拉法要求很高，因為我非常在乎他，」托尼後來在接受BBC採訪時說。「我相信這些訓練，我相信如果一名運動員足夠強大，就能夠應付這些訓練的強度，我無法理解另一種生活方式，這就是為什麼我會對拉法這麼嚴格，我知道他能克服。」

幾年後，當納達爾在南非贏得耐吉（Nike）贊助的青少年錦標賽時，情況也差不多。在他返回馬約卡島後，他的教母在他祖父母的公寓裡安排了一場返家派對，在牆上掛上一面巨大的、略帶開玩笑的祝賀旗幟。但納

下圖：2014年，納達爾的父親塞巴斯蒂安、妻子希絲卡和母親安娜瑪麗亞在羅馬觀看他的比賽。

最高球員
最快發球
納達爾與今昔球員比較圖

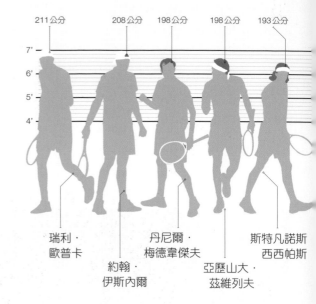

211公分　208公分　198公分　198公分　193公分

瑞利·
歐普卡

約翰·
伊斯內爾

丹尼爾·
梅德韋傑夫

亞歷山大·
茲維列夫

斯特凡諾斯
西西帕斯

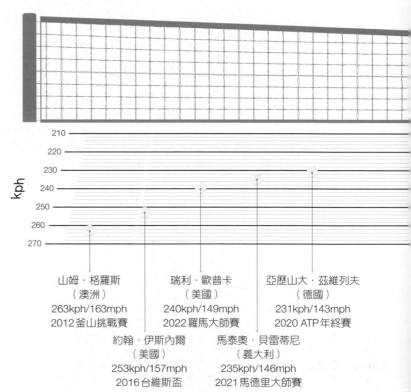

山姆·格羅斯
（澳洲）
263kph/163mph
2012釜山挑戰賽

瑞利·歐普卡
（美國）
240kph/149mph
2022羅馬大師賽

亞歷山大·茲維列夫
（德國）
231kph/143mph
2020 ATP年終賽

約翰·伊斯內爾
（美國）
253kph/157mph
2016台維斯盃

馬泰奧·貝雷蒂尼
（義大利）
235kph/146mph
2021馬德里大師賽

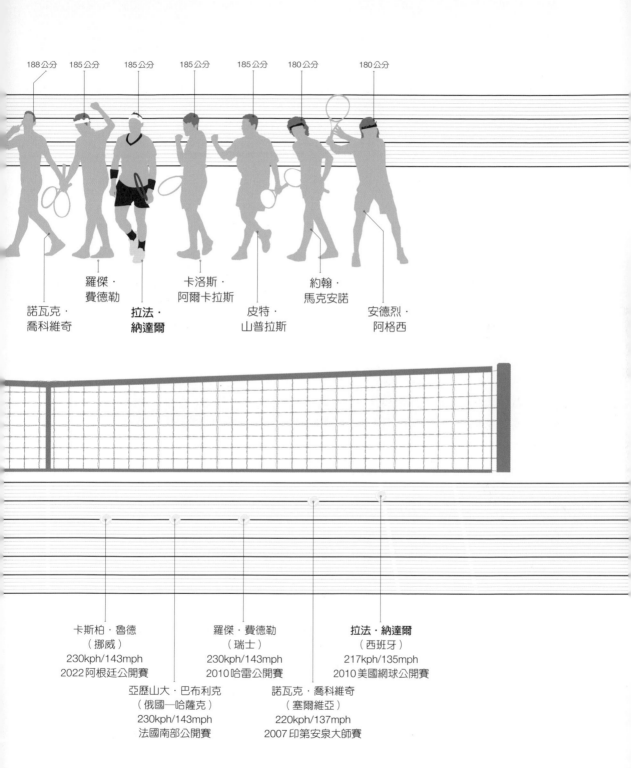

188公分　185公分　185公分　185公分　185公分　180公分　180公分

諾瓦克 · 喬科維奇

羅傑 · 費德勒

拉法 · 納達爾

卡洛斯 · 阿爾卡拉斯

皮特 · 山普拉斯

約翰 · 馬克安諾

安德烈 · 阿格西

卡斯柏 · 魯德
（挪威）
230kph/143mph
2022阿根廷公開賽

羅傑 · 費德勒
（瑞士）
230kph/143mph
2010哈雷公開賽

拉法 · 納達爾
（西班牙）
217kph/135mph
2010美國網球公開賽

亞歷山大 · 巴布利克
（俄國—哈薩克）
230kph/143mph
法國南部公開賽

諾瓦克 · 喬科維奇
（塞爾維亞）
220kph/137mph
2007印第安泉大師賽

達爾沒能參加這個派對，托尼在門口攔下他，將旗幟從牆上扯下，斥責了教母，並且作為對虛榮自負的懲罰，他強迫納達爾隔天早上準時起床參加晨練。

「我想要讓他知道，他在那個年紀所取得的一切成就對於大局而言都不是很重要，」托尼後來這麼說。「我想抑制這種期望，我想要讓他知道這只是一小步，如果他想進步，他必須持續不斷地非常努力。」

雖然很嚴酷，但這種策略確實奏效了。納達爾後來前往馬德里參加14歲以下組別的西班牙全國錦標賽，在他的第一輪比賽中，他摔倒了，造成左手小指骨折（他握拍的慣用手）。疼痛來得劇烈，但納達爾拒絕退賽，也不敢向托尼抱怨，他知道不會得到任何同情。每場比賽他都咬緊牙關，最終他打進決賽，擊敗他的好友托梅・薩爾瓦（Toméu Salva）。到了頒獎典禮時，他的手指實在太痛了，他只好請另一名球員幫助他將獎盃高舉拍照。

在他生命中的這個時期，納達爾既打網球又踢足球，在這兩者之間還有學校課業的額外壓力。他知道必須在這兩項運動中捨棄其一，儘管他非常熱愛足球（而且他確實是一位有天賦的球員），但他選擇了放棄。從那時起，足球就成為了他閒暇時玩玩或作為觀眾觀看的運動，並支持著他熱愛的球隊皇家馬德里（Real Madrid CF）。

有時候，納達爾會跟另一名位在帕爾馬的網球教練荷弗雷・波爾塔一起練習。多年後，波爾塔仍然對他當年所指導的這位年輕人的決心印象深刻。他特別記得有一次，當時那份決心確實耀眼。在青少年階段，網球比賽很少有線審（line judges），於是球員必須自己喊出界。在一場比賽中關鍵的一球，儘管納達爾的回擊明顯落在界內，他的對手還是喊了出界。「他對我說：『這太誇張了！他從我這裡偷走了這場比賽！』」波爾塔回憶道。「我嘲諷地回他：『我以為你是個勇敢的男孩，可以面對所有的問題？』他非常認真地看著我，一路奮力反擊重回比賽，最終拿下勝利。這就是一個冠軍具備的心態。這些年來，我記得成千上萬個這樣的例子。」

在這個時期，納達爾的家族擁有2處住所，在馬納科爾，有一棟5層樓高的公寓，坐落於城市那座雄偉、有著高聳尖頂和鐘樓的七苦聖母堂（Església de Nostra Senyora dels Dolors）附近。整個大家庭的大多數時光都在這棟公寓裡度過——母親、父親、叔叔、姑姑、堂兄弟姐妹和祖父

母——他們都住在不同樓層，但大多時間總是形影不離。在8英里外，在那個更美麗的海濱小鎮克里斯托港，有著他們的第二棟公寓住所，家族們同樣也是分層同住。

這是納達爾喜愛的家庭形式。因為實在太喜歡了，以至於當他14歲那年，他獲得來自西班牙本島巴塞隆納的一所網球學院當地培訓的獎學金時（名為聖庫加特高性能中心〔High Performance Centre of Sant Cugat〕），他的父母和托尼拒絕了這個機會，擔心他在沒有他們監督的情況下，生活在巴塞隆納這樣的大城市，可能會缺乏紀律。

「這證明，如果你有天份，如果你想做的話，在任何地方你都能做到，」托尼後來談到家人決定讓他留在馬約卡島時這麼說。「我不願相信你必須到美國或到其他地方訓練才能成為一名優秀的運動員，即使留在家鄉也可以做到。在我的家族中，我們有兩位成功的運動員。米格爾一生都留在馬納科爾生活及訓練，而拉法也做著同樣的事繼續保持這個水準。對拉法來說，和家人住在一起的好處極大，這對他有幫助，無論就穩定性或者就生活條理而言。」

然而，一年後，他們決定將納達爾送到馬約卡首都帕爾馬的一所體育寄宿學校，名為巴利亞利群島體育技術中心（Centre de Tecnificacio Esportiva Illes Balears或簡稱CTEIB），他只能在週末回家。

那裡的設施一流：網球場、奧林匹克規格的游泳池、田徑跑道、橄欖球場、籃球、排球、物理治療和運動醫學——全都由納稅人出資。但納達爾聲稱他在那裡過得很痛苦，他想家，他非常想念他的家人，以及想念他在馬納科爾愜意的生活。他抱怨忙碌的課程安排，雖然他成功通過了考試，但在學業成績上並不出色。

他在學校的教練波爾塔對這件事的記憶略有出入。「拉法是個普通的學生，他的學習程度還算可以，他持續學習，直到所有的旅行及移動讓他無法再繼續上課。他最擅長的科目永遠都是體育課程。」

納達爾最終說服他的父母讓他離開學校。有一段時間，在希望兒子念大學的母親的堅持之下，他參加了遠距教學課程，但這情況並沒有持續太久，因為納達爾弄丟了他所有的教科書，他把它們遺留在飛往加納利群島（Canary Islands）的飛機上。「我的正規教育就這樣結束了，」他說。

從此刻開始，他的整個世界都圍繞著一件事，唯一這一件事：網球。

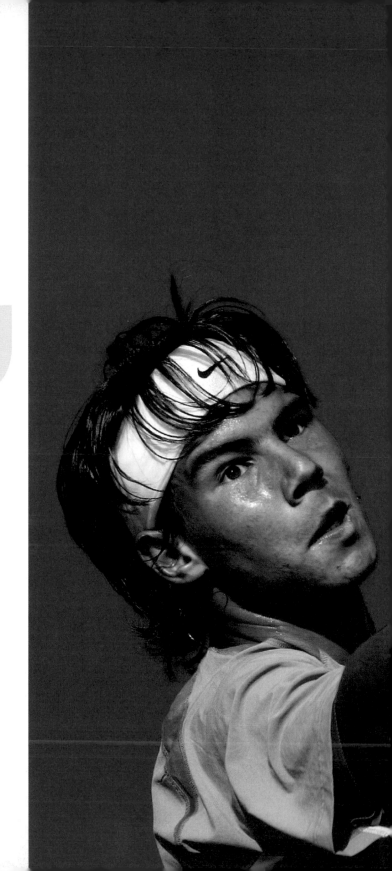

> 我在一場表演賽中輸給了他，他當時只有14歲，但當我想到自己輸給了未來的法網冠軍時，我就振作起來了。
>
> 1987年溫網冠軍派特‧凱許

關鍵之戰

蒙地卡羅大師賽（MONTE-CARLO MASTERS）

2003年4月16日

蒙地卡羅鄉村俱樂部，羅克布倫第馬丁（Roquebrune-Cap-Martin），法國

第二輪：拉法・納達爾 vs. 阿爾伯特・科斯塔

拉法・納達爾以7-5、6-3擊敗阿爾伯特・科斯塔

2001年，納達爾在ATP巡迴賽上初次亮相，雖然他的首度登場是在較低級別的ITF未來賽（ITF Futures）及ATP挑戰賽（ATP Challenger tournaments）。他獲得ATP排名積分的第一場比賽是當年9月在馬德里舉行的ITF未來賽，但他輸給了西班牙選手吉列爾莫・普拉特爾（Guillermo Platel）。

2002年，他在正式的ATP世界巡迴賽上初次亮相，是參加位於馬約卡的紅土錦標賽，該賽事已不復存在。（而今變成在6月舉辦的草地網球賽事，名為馬約卡網球錦標賽，但性質是非常不同的。）在第一輪比賽中，他擊敗了巴拉圭的拉蒙・德爾加多（Ramon Delgado）——這是他在ATP巡迴賽上的第一場勝利。在那個賽季的其他時間裡，他還參加了多個未來賽和挑戰賽，在阿利坎特（Alicante）、維戈（Vigo）、巴塞隆納和大加那利島（Gran Canaria）贏得小冠軍。

在2003年4月他的第一場重要比賽之前，這一切都是非常寶貴的經驗。當時他年僅16歲，世界排名第109名，他在蒙地卡羅大師賽的初次亮相，非常像是趕鴨子上架的越級挑戰，那是僅次於大滿貫級別的ATP大師賽。然而，真是出色的初登場！在首輪，他以6-1、6-2輕鬆打敗斯洛伐克選手卡爾羅・庫切拉（Karol Kucera）。第二輪比賽，他對上當屆的法網冠軍，無疑也是當時紅土最強球員之一的西班牙選手阿爾伯特・科斯塔（Albert Costa）。

那一年到目前為止，納達爾的表現都令人印象深刻，在ATP挑戰賽事中有4次打入決賽（低於ATP主要巡迴賽的級別），並贏得了其中一次。這只是他在ATP主要巡迴賽中的第四場比賽。整個網球界都對這名紅土超

右圖：2003年，16歲的納達爾知道自己在蒙地卡羅紅土上的首場勝利有多麼重要。

新星的前途感到興奮不已，但他們沒想到他會打敗科斯塔，畢竟，這位經驗豐富的27歲球員（外表看起來更老）在前一年贏得了法網冠軍，而且還擁有另外11座ATP紅土冠軍。

那天這場比賽的球評是福斯體育電視頻道的約翰·巴雷特（John Barrett）和傑森·古道爾（Jason Goodall），兩位皆是英國網球評論專家。「一個前途不可限量的年輕人。」當納達爾走進球場時，前者這麼說。巴雷特解釋道，他成功的關鍵在於，另一個馬約卡島人、有著豐富經驗的西班牙球員卡洛斯·莫亞（Carlos Moya）一直從旁給予建議。「他是這個年輕人的導師。對於像這樣的年輕人來說，有個像莫亞這樣經驗豐富的人在一旁支持他，是很棒的事。」

古道爾同意：「當你可以從曾經有過這些經驗、達到這些成就（前世界排名第2、大滿貫得主）的人身上獲得指導時，這絕對是無價的，」他補充道，「希望這能讓這個年輕人迅速登上比賽的巔峰。」

納達爾穿著深色短褲、白色上衣以及那即將成為他標誌性的白色頭帶，他花了一點時間才進入狀況。運用熟練的放小球，以及透過一些大膽的防守型打法令這名比他年長的對手感到挫敗，他開始佔據上風。隨著第一盤比賽的進行，科斯塔開始愈打愈緊張，頻頻發生失誤。更確切地說，正是一個正拍失誤最後丟掉了首盤。

來到第二盤3-1領先，年輕人開始施加壓力，在局末平分（deuce）時，他在每一次回拍擊球都將科斯塔壓制在底線後方，最後以一個隨球上網及出色的、無法回擊的扣殺拿下這一分。接著他贏得下一分，以4-1領先。

最終，就在比賽進行整整兩小時後，納達爾來到5-3領先，並有3個賽末點機會，而他只需要1個。科斯塔的一記回拍出界，以7-5、6-3輸掉了比賽。

「我確實打了一場非常好的比賽，」納達爾後來說。「一開始有點不相上下。我覺得我太尊敬他了，或者可以說是有點怕他。但是，在比賽過程中，我開始越打越好。我想也許（柯斯塔）有點嚇到，因為他的對手很年輕。但是，老實說，我不是很有信心我會贏。」

球評約翰·巴雷特就熱情多了。「這個年輕人，以一種不容置疑的狀態登上世界舞台，並且擊敗當今最好的紅土球員，這是一場重大的勝利。」

右圖：納達爾和卡洛斯·莫亞（他的朋友、導師和馬約卡同胞）在巴塞隆納的贊助商活動中合影。

馬約卡男孩

根據家族流傳下來的傳說，自14世紀以來，納達爾的祖先們就已經居住在馬約卡島，當時它被稱為馬約卡王國（Regnum Maioricae）。雖然納達爾本人居住在這座島上僅僅35年，但要瞭解這個人以及他在馬約卡社會中的地位，理解巴利亞利群島的歷史是很重要的。

鑑於這座島在地中海的關鍵位置，幾個世紀以來，它經常遭到入侵。一開始是由塔拉底特（Talayotic）人（可能來自小亞細亞），後來是腓尼基人（Phoenicians）、希臘人、迦太基人（Carthaginians）、羅馬人、汪爾達人（Vandals）、拜占庭人（Byzantines）和許多的北非列強——他們都輪流掠奪和征服。

到了中世紀，馬約卡島開始繁榮，甚至享有獨立時期，直到18世紀初成為西班牙統一的一部分。

在西班牙內戰（1936–1939）之後，島上居民相對安然無損，經濟情況完全轉向。大量的團客伴隨著18-30派對俱樂部（Club 18–30 party night）所規劃的種種誘因而來。馬約卡島帕爾馬國際機場在1950年代後期開啟，並很快地每年經手百萬名旅客。在2020年全球疫情爆發之前，此數據已增加至每年近3000萬人，旅遊業佔島民GDP（國內生產毛額）的80%。

但近年來，該旅遊形態的方向完全改變，島嶼政府已經意識到，廉價的旅行團並不代表著這個地中海偏遠小島的未來。他們寧願歡迎少許的遊客，但他們口袋裡有更多的錢。這導致對於大眾市場沿岸開發和促進更多永續鄉村旅遊發展的限制。現在，馬約卡島人正為那些厭倦了大眾市場海灘假期的高檔遊客提供體育和活動假期，以及精緻的農場觀光住宿（或稱農莊旅遊〔agroturismos〕）。納達爾網球學院成功吸

左圖：2016年10月，納達爾邀請羅傑‧費德勒一同參加在馬納科爾的網球學院開幕儀式。

引了來自歐洲各地的球員，也與此有關。

　　當被問及旅遊業對於他心愛島嶼的影響時，納達爾本人仍然相當務實。「我認為這對經濟有好處，對當地人也有好處。我認為馬約卡島是世界上最好的地方，我想，這就是他們會來的原因。」

　　與此同時，巴利亞利地區的自豪感又再度復甦，雖然遠遠不及西班牙本土的加泰隆尼亞獨立運動那麼強硬，儘管如此，馬約卡島人開始慶祝他們的文化；將自己與西班牙卡斯堤亞的專橫霸道區分開來。

　　這一點在他們的語言中最為明顯。雖然所有的馬約卡島人都能全然流利地使用卡斯堤亞西班牙語，但這並不是他們的日常語言。納達爾和他的島民同胞們講的是一種稱為馬約基語的加泰隆尼亞方言，這種語言跟卡斯堤亞西班牙語的差別幾乎就像英語跟荷蘭語的差異一樣。於是，buenos dias 就是 bon dia（早安）；adios 就是 adéu（再見）；muchas gracias 就是 moltes gracis（非常感謝）。要真正瞭解納達爾大腦的運作方式，必須理解馬約基語是他平時與家人和朋友相處時使用的語言。馬約基語是他聊天、思考及嚮往的語言。

　　但是，對於像納達爾這麼有名的人來說，身為馬約卡島人的自豪與西班牙的愛國主義之間存在著一絲細線。為了慎重起見，他從不貶低自己的西班牙身份。沒錯，他不會錯過任何表達他鍾愛馬約卡的機會，但他很快就會提醒大家，他同時也是西班牙人。

　　西班牙是一個由各個極度自豪的地區所組成的脆弱聯邦，許多地區就像馬約卡島一樣，擁有自己的語言或方言。納達爾大多數的贊助商是卡斯堤亞西班牙人而不是馬約卡島人，而且其總公司都位於西班牙本土。如果過分強調他的馬約卡身份，可能會造成彼此關係的疏遠，對他的財務成本影響甚巨。

　　而今，這位網球運動員在某種程度上是他所在島嶼的非官方大使。2014 年 12 月，他在一個特別儀式上被正式譽為「馬約卡寵愛之子」（Favourite Son of Mallorca）。事實證明，在曾經獲得該榮譽獎項的 11 名島民中，他是唯一在世的獲獎者。

　　鑑於他的國際影響力和知名度，納達爾可說是史上最著名的馬約卡島人。說到底，還有誰呢？

　　有詩人米格爾・科斯塔・略貝拉（Miquel Costa i Llobera），歌手

右圖：2008年於溫網奪冠後，納達爾在馬納科爾市政廳向球迷致意。

下圖：2005年7月，納達爾在與萊納·舒特勒的表演賽中發球。

孔查‧布伊卡（Concha Buika）、胡安‧米克爾‧奧利佛（Joan Miquel Oliver）和瑪麗亞‧戴爾‧瑪爾‧博尼特（Maria del Mar Bonet），音樂製作人山繆‧布瑞亞（DJ Sammy），畫家米格爾‧巴塞羅（Miquel Barceló），電影製片人阿古斯丁‧維拉隆加（Agustí Villaronga），以及許多其他的運動員，包括足球選手米格爾‧安赫爾‧納達爾（納達爾的叔叔），馬爾科‧阿森西奧（Marco Asensio）和希斯科‧穆尼奧斯（Xisco Muñoz），摩托車賽車手胡安‧米爾（Joan Mir）和豪爾赫‧羅倫佐（Jorge Lorenzo），網球運動員卡洛斯‧莫亞（納達爾現任教練）。但其中很少有人在西班牙、網球界或世界摩托車錦標賽（MotoGP）之外享有盛名，也沒有人像納達爾那樣贏得全球聲譽。

雖然納達爾家族仍然擁有在馬納科爾的大型公寓大樓，但現在，納達爾大部分時間都與他的妻子瑪麗亞‧法蘭希絲卡（他都叫她梅莉）在他們位於馬納科爾東邊的漁鎮克里斯托港的海濱別墅中度過（其價值估計為430萬美元）。這家族在這裡擁有連排的別墅，根據最新資料有3棟，但當你讀到本文時可能又更多了。比起在馬納科爾，納達爾在他克里斯托港的家中感到更安全，常常可以看到他和朋友在當地的海灘踢足球。幸運的是，沒有一個當地人會打擾他要求自拍。如果他因名人身份而受到煩擾，那也會是來自觀光客而不會是當地的馬約卡島人。不管怎樣，他擁有一艘24公尺長的遊艇，通常停泊在克里斯托港的港口，如果他需要隱私，他可以逃進那裡。

2020年，納達爾收到了這艘訂製的Sunreef 80 Power雙船體遊艇，他將其命名為Great White。在一次參觀坎城遊艇展的時候，這一艘豪華遊艇吸引了他的目光。它設有1個主甲板沙龍、1個前露台、4間客艙和納達爾專屬的主臥套房，附有1個可折疊的個人陽台。還有1個露天駕駛台、1個小酒吧、1個烤肉區和1個停放水上摩托車的艇庫。大多時候，納達爾和希絲卡會在巴利亞利群島航行。「對我來說，這艘船就像我的房子，」納達爾說，「我可以出海並享受時光，同時與萬事萬物保持一點距離。」

納達爾還在加勒比海地區的多明尼加共和國擁有一座豪宅。據報導，這處房產是他獲贈的禮物，以換取他在觀光城市拉羅馬納（La Romana）推廣其住宅所在的價值。

雖然他承認他超怕極速跑車（詳見第5章），但它們確實在他的生活

上圖：2014年，獲譽為「馬約卡寵愛之子」的納達爾，為一幅他的畫像作品揭幕。

右圖：2010年，與馬約卡的世界摩托車錦標賽冠軍得主胡安‧米爾一同參與頒獎典禮。

中扮演了重要角色。偶爾你會在馬約卡島東部的道路上看到他坐在方向盤的後方（總是小心翼翼駕駛著）。他其中一個獲利豐厚的贊助合約更意味著他經常擁有一輛新款的起亞（Kia）汽車。最新獲贈的是起亞 EV6 電動車。他還擁有或曾經擁有 1 輛奧斯頓馬丁（Aston Martin）DBS、1 輛法拉利 458 Italia 跑車、1 輛敞篷的賓士 SL 55 AMG 和 1 輛賓士 AMG GT S。

　　遠離網球的放鬆時間對納達爾的心理狀態很重要。羅倫佐‧卡薩尼加（Lorenzo Cazzaniga）是一名資深網球記者，他或許比馬約卡島之外的其他任何記者都更瞭解這位球員。「當他不打網球或訓練時，他只做 3 件事，」卡薩尼加解釋道。「他會去釣魚，跟他的朋友去海邊玩，或是打高爾夫球。他是一個高爾夫球迷，也是一個非常優秀的球員。我曾聽過，現在，他在高爾夫球比賽中輸球會比在網球比賽中失利更難過。」

　　卡薩尼加說，納達爾對某些其他網球選手追求的名人生活方式並不感興趣。他可能偶爾會跟朋友去馬納科爾或克里斯托港的酒吧玩到很晚，（「我幾乎不喝酒，但我會去跳舞，有時候會玩到清晨 6 點，」他在自傳中說，）但你幾乎很少會看到他出現在 VIP 場合中。

　　「他不希望他的生活有任何改變，」卡薩尼加解釋道，「他是一個非常規律的人，他只想和他的妻子、他的家人、同樣的老朋友待在一起。他依然跟兒時朋友一起出去玩。而當他結束他的網球生涯時，他可能會過著一

種非常單純（我不想說無聊），但或許非常簡樸的生活方式，儘管銀行裡有著數百萬美元，他不是那種會搬去邁阿密或紐約或杜拜的人。」即便是納達爾和希絲卡在度假時期，他們也很少離開巴利亞利群島。

納達爾與兒時朋友之間的重要性不容低估。雖然許多成功的名人會自然而然與年輕時的朋友失去聯繫，但他從來沒有。這是基於忠誠、謙遜以及一個簡單的事實，那就是他總是在比賽間隙回到馬約卡。

「我們是普通人，喜歡家庭傳統和價值，」他曾經這麼說。「我會去超市和電影院。當我回到家時，我過著和以前一樣的生活。對我來說，這是真實的人生，是我的正常生活，不是巡迴賽的生活。我有從兒時一起長大的朋友，我和我的表兄弟一起踢足球。我發現在環遊世界數個月後，能夠重新回到我的舊有生活模式，能夠回到家是非常重要的，這是最根本的。」

他最親近的朋友包括托梅·阿蒂格斯（Toméu Artigues）、托梅·薩爾瓦、米格爾·安赫爾·穆納爾（Miguel Angel Munar）和胡安·蘇阿西（Joan Suasi）。雖然納達爾現在已經和希絲卡結婚了，承載著婚姻帶來的一切責任，但仍可以經常看到他和朋友們一起踢沙灘足球，在遊艇上招待他們，一起出海釣魚，或跟他們一起去克里斯托港和馬納科爾的酒吧及夜店玩。

他最常出入的地方之一是納達爾家族經營的餐廳 Sa Punta，位於克里斯托港以北幾英里的沿海小鎮卡拉博納（Cala Bona）。在這裡，主廚安德烈斯·莫雷諾（Andrés Moreno）提供經典的西班牙菜，如伊比利火腿、西班牙烘蛋和西班牙冷湯（gazpacho soup），以及魚和海鮮料理，如藍鰭鮪魚、海鱸魚、章魚和龍蝦。「海景、服務和美食的結合——我總是點當天捕獲的海鮮，現烤——一切就完美了。」納達爾像是換上了他的行銷頭腦般地說道。

不過，最讓納達爾熱衷的還是高爾夫，甚過一切，他喜歡將業餘時間都花在馬約卡島的高級高爾夫球場上。他特別喜歡的是普拉高爾夫球場（Pula Golf），位於馬納科爾東北數英里處。2013年，正是在這個球場，他與西班牙頂尖職業高爾夫球選手何塞·馬里亞·奧拉薩瓦爾（José María Olazábal）聯手舉辦了一場名為「奧拉薩瓦爾和納達爾邀請賽」的年度慈善錦標賽。

在ATP巡迴賽旅行和比賽時，納達爾的空閒時間非常有限。像大多數職業球員一樣，他如同旋風般的存在，以每小時千英里的速度生活，在機場、飯店和比賽場地之間穿梭，只有偶爾的休息和放鬆時刻。他喜歡和他團隊裡的成員一起出去吃飯。「我們總會試著出門吃晚餐，」他在最近的GQ採訪中說，「來忘記，讓自己分心一下，不要去想所有的比賽。」

音樂也是另一種分散注意力的方式，他用心愛的Apple Airpods耳機播放音樂。「在飛機上，在比賽前，我通常都會聽音樂，」他說。「我幾乎什麼都聽。我可以聽歌劇，古典樂，流行搖滾，主要是看當下的情況和心情，電子樂是我唯一不聽的音樂。」然而，每當比賽一結束，這個戀家的男孩總是迫不及待地想飛回他在島上的家。「我很珍惜自己是個馬約卡島人，」他曾經說過。「當我在其他國家打球時，無論我在比賽中是獲勝還是輸球，我做的第一件事就是找到最快回到馬約卡的方式。」

贏得首座大滿貫的年紀

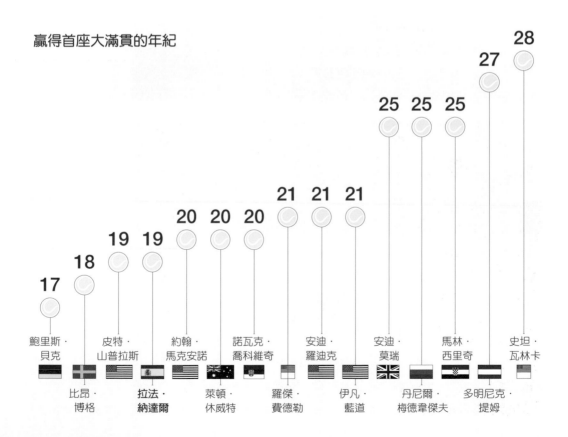

左圖上：2011年，
納達爾與馬約卡的
朋友們。

左圖下：2010年，
與他未來的妻子希
絲卡。

右圖上右：2020
年，參加高爾夫錦
標賽。

右圖上左：納達爾
與他的兒時朋友托
梅・薩爾瓦。

右圖下：與高爾夫
球選手何塞・馬里
亞・奧拉薩瓦爾在
廚房裡。

在打完巡迴賽後，如果
他不能隨意回到他的島
嶼，我想他會發瘋的。

——安娜・瑪麗亞・帕雷拉
納達爾的母親

關鍵之戰

波蘭索波特公開賽（IDEA PROKOM OPEN）

2004年8月15日

索波特網球俱樂部，索波特，波蘭

決賽：拉法‧納達爾 vs. 荷西‧阿卡蘇索（José Acasuso）

拉法‧納達爾以6-3、6-4擊敗荷西‧阿卡蘇索

2004年，他18歲的那一年，對納達爾來說是艱難的一年。他打遍全球，至4月中旬，他已參加了在印度、紐西蘭、澳洲（在這裡，他打入澳洲網球公開賽第三輪，不敵萊頓‧休威特）、捷克、義大利、杜拜、加州、佛羅里達州和葡萄牙的比賽。所有這些賽事都對他的身體造成了巨大的傷害，以至於當紅土賽季開始時，他發現自己處於劇烈疼痛之中，左腳踝應力性骨折。那年的春天和初夏，沮喪的他被迫放棄在他最喜歡的紅土球場的大部分賽事，包括法網。於是，一等到腳踝的骨折自行修復後，他便迫不急待回到紅土，並渴望在ATP巡迴賽中贏得他的第一個冠軍。

直到8月，他前往波蘭參加索波特公開賽，該賽事在索波特網球俱樂部舉行，這是一個紅土場地，可以俯瞰波羅的海沿岸的海灘，距離格但斯克（Gdansk）以北不遠。

這位賽事第6種子在被迫休息後有妥善休養，狀態很好，在那週進行的比賽中未失一盤。此外，他傷癒復出的這場賽事也是一個明智的選擇。這場公開賽在歐洲紅土賽季結束後舉行，當時大多數的世界菁英都在北美的硬地場上揮拍，沒有太多具威脅性的球員前來參賽。確切地說，納達爾的世界排名為71，他在索波特所有面對的對手在ATP排名都低於他。

在決賽中，他對上的是另一名紅土高手，阿根廷球員荷西‧阿卡蘇索。第一盤打得平淡無奇，最值得看的一分是局數來到2-2平局，比數15-15平分的時候，納達爾發球，緊接著是全場跑動的19拍來回，納達爾成功讓對手在底線對角來回跑動，從一邊到另一邊，就像一根繩子上的木偶。後者回擊了打向他的每一球，但無法以同樣的方式牽制納達爾的移

上圖：阿根廷球員
荷西・阿卡蘇索

動。由於對手的一些非受迫性失誤（unforced errors），納達爾以5-3領先來到盤末發球，輕鬆拿下這一盤。

　　對於大多數人來說，這是他們第一次有機會看到這位馬約卡島人在ATP決賽中大放異彩。他在1月份的奧克蘭公開賽上打進決賽，但最終輸了。不過，那是在紐西蘭，在地球的另一端。

　　在第二盤的首局，阿卡蘇索發球，納達爾看起來再度掌控局面，頓時來到0-40，逼出了3個破發點。一開始，這位阿根廷球員奮力反擊追平比數，但最終還是遭到納達爾破發成功。

比賽進行到局數4-2，隨後納達爾再次破發取得5-2領先。現在他來到賽末發球局（serving for the match）。

　　雖然他的場上覆蓋範圍仍然快速猛烈，但他的發球開始變得遲疑不決，勝利的壓力無疑壓在他心頭。阿卡蘇索意識到，如果他想扭轉這場比賽，他現在必須把握住機會。他開始擊出角度更平的平擊球，打出一些快速、精確的直線球，使他的對手感到慌亂。他甚至隨球上網，在網前截住對手的回擊。在第一個局末平分上，他每一球的回擊都把納達爾推得越來越遠，直到西班牙人幾乎從後場彈跳而起。最終，阿卡蘇索成功破發。馬約卡島人要搞砸了嗎？

　　在下一局中，納達爾的防守非常出色，回擊了其他人或許會放棄搶救的球。在30-30時，他以正拍將阿卡蘇索大角度調動，迫使他搶救回球，結果因非受迫性失誤沒能將球回擊過網。這讓納達爾有了第一個賽末點。西班牙人一躍而上並緊握雙拳振臂歡呼做為回應。現在的他，不太可能會以這種方式慶祝對手的非受迫性失誤。但這展現了他對自己的第一個ATP冠軍有多麼渴望。

　　然而，比賽仍然要完成。阿卡蘇索的一發被判觸網進球，需重新發球。這位阿根廷人在巨大的壓力下，簡直不敢相信球有觸到網。要求重新評判，他走近裁判椅，把手放在主審的膝蓋上。後者只是笑了笑，卻不為所動。

　　也許這就是他需要的注意力分散，來干擾對手的專注力。強勁的二發，納達爾沒能回擊。在經過更多奮力得來的分數，以及關於發球判決的爭執，最後阿卡蘇索成功保住發球局，將比數帶到5-4，納達爾仍然領先。

　　馬約卡島人沒有心情再多做拖延了。他很快結束最後一局，舉高雙臂跳上跳下，以6-3、6-4拿下他珍貴的首座ATP冠軍。

　　「我今天在場上很穩定，」他事後說。「我今年年初的目標是進入前20名，但我受傷了3個月，現在我的目標是在年底前進入前25至40名。」索波特的勝利的確讓他打入世界前50名，他在本賽季剩下的時間裡也都一直保持在這個位置，因為他在美國網球公開賽和馬德里大師賽都挺進第二輪。

圖：2004年，在紐西蘭比賽。

左撇子

滿多網球頂尖好手是左撇子：約翰‧馬克安諾（John McEnroe）、瑪蒂娜‧娜拉提洛娃（Martina Navratilova）、吉米‧康諾斯（Jimmy Connors）、羅德‧拉沃（Rod Laver）、戈蘭‧伊凡尼塞維奇（Goran Ivanisevic）、莫妮卡‧莎莉絲（Monica Seles）、湯瑪斯‧穆斯特（Thomas Muster）、亞羅斯拉夫‧德羅布尼（Jaroslav Drobny）、吉列爾莫‧維拉斯（Guillermo Vilas）、馬塞洛‧里歐斯（Marcelo Rios），當然還有，拉法‧納達爾。

在雙打比賽中也是，一些史上最偉大的組合也是左／右撇子雙搭檔：布萊恩兄弟、伍迪組合（托德‧伍德布里奇和馬克‧伍德福德〔Mark Woodforde and Todd Woodbridge〕）、羅德‧拉沃和羅伊‧愛默生（Roy Emerson）、湯尼‧羅切和約翰‧紐康姆（John Newcombe）、約翰‧馬克安諾和彼得‧佛萊明（Peter Fleming）、瑪蒂娜‧娜拉提洛娃和帕姆‧施里弗（Pam Shriver）。

那麼，為什麼會有這麼多冠軍是用左手揮拍的呢？難道在網球比賽中這存在著什麼優勢嗎？事實證明確實是有的，這一切只歸因於一個簡單事實，那就是左撇子比較少見。雖然左撇子習慣與右撇子對戰（因為大多數球員都是右撇子），但右撇子並不那麼習慣與左撇子對戰（因為很少有球員是左撇子）。這種稀有性使納達爾（及他的左撇子同儕）在他的整個職業生涯中都獲益匪淺。

克里斯‧麥克麥納斯（Chris McManus）是倫敦大學學院教育心理學教授，著有《右手，左手》（Right Hand, Left Hand）。「左撇子比右撇子更了解對手的弱點，這讓他們更具競爭優勢。」他解釋道。

2009年，來自德國明斯特大學（University of Munster）的運動科學家諾博特‧哈格曼（Norbert

Hagemann）對網球運動員進行了一項有趣的測驗，以衡量他們預測對手的擊球方式。他集結了54名右手運動員和54名左手運動員的試驗樣本，他們的技術程度各有不同，有全然的新手也有具備專業水準的。接著，他要求他們觀看右手和左手專業球員的短片，然後預測他們的回擊球的方向。這些受試者發現，預測左手球員的擊球方向比預測右手球員的擊球方向更困難，不論是左撇子還是右撇子都更擅長於預測右手擊球的方向。

哈格曼強調了一種在學術界被稱為戰略優勢假設（strategic advantage hypothesis）的理論。「因為球員習慣了右手持拍對手的擊球模式或打法，截然相反的進攻會讓他們措手不及，」他寫道。「除了這種出乎意料的效果之外，對這種進攻的運動反應（motor responses）也可能訓練不足。因為左撇子球員的這類攻擊沒那麼常見，防守本能反應也就沒那麼自動，因此可能也就不太有成效。」

在其他運動中，只要球員也是面向對手，從身體的側邊擊球，情況也是類似的，例如：所有持拍的運動，以及板球、拳擊、擊劍、棒球、壘球、排球。由於左撇子比較少見，他們成為更難對付的對手。

左圖：納達爾用左手打網球，用左腳踢足球，但用右手寫字、刷牙、接球和打高爾夫球。

但是，在網球中確實還存在另一個因素有助於左撇子球員，這完全取決於球場的幾何形狀。在網球比賽中多數的關鍵分——局點（game points）或破發點（break points）——都出現在發球者處於球場的優勢側（他面向球場的右側）。如果發球者是左撇子，而接發球者是右撇子，前者可以將球發至右撇子反拍的外角，這對大多數球員來說是較弱的一側。這意味著在關鍵分時，左撇子能夠利用他們最大的武器對抗對手相對較弱的反拍。（端看納達爾是如何一直以這種方式攻擊費德勒的反拍，以達到致命的效果。）

　　反之，右手發球者與左手回發球者在關鍵分上則沒有相同的優勢，因為外角發球最終會落在對手的左手正拍上——通常是他們最強的擊球位置。（因此，當輪到費德勒發球時，他無法將同樣的羞辱還擊給納達爾。）

　　曾是世界排名第4的英國選手格雷格‧魯塞德斯基（Greg Rusedski）在接受BBC訪問時，下了十分精確的總結。「當你擊球時，左手發球自然會以不同的方式旋轉，這讓球場左側擊來的球變得致命。」他解釋：「創造出這種旋轉——讓球轉向和彈跳——把球推到更遠的外角，打到右撇手的反手上。如果我的對手夠強，可以把球打回來，但球場就會讓出很大的空檔，我可以拿下這一分。」

　　另外可能還有一個未知因素有利於左撇子的網球運動員。與大多數人相比，這或許跟他們的大腦分工方式有所不同有關。前美國球員瑪麗‧卡莉洛（Mary Carillo）本人也是一名左撇子，她在接受《運動畫刊》（Sports Illustrated magazine）雜誌採訪時，對此做了分析。「主要是，我們都很難纏，」她說，「你看看網球界所有的左撇子，你就會發現有一些真的是很難纏的傢伙：康諾斯、馬克安諾、戈蘭‧伊凡尼塞維奇、吉列爾莫‧維拉斯。」

　　她也將納達爾歸為這群難纏的球員之一。「那個孩子對於如何製造得分有不同的看法；進而形成一個回擊，」她補充說。「他跳脫思考框架。」

　　不過，事實證明，納達爾的左撇子比其他人的還要複雜一些。當他開始打網球時，他才4歲，幾乎無法看穿過網，他得用雙手握拍擊球，才有足夠的力量把球擊過網。有一天，托尼叔叔告訴他，很少有頂尖的網球選手是用雙手握拍打球的，他需要改用單手打正拍。納達爾照他說的做了，結果他很自然地選擇了左手。

場上的左打者
公開賽時代的左打者大滿貫成績

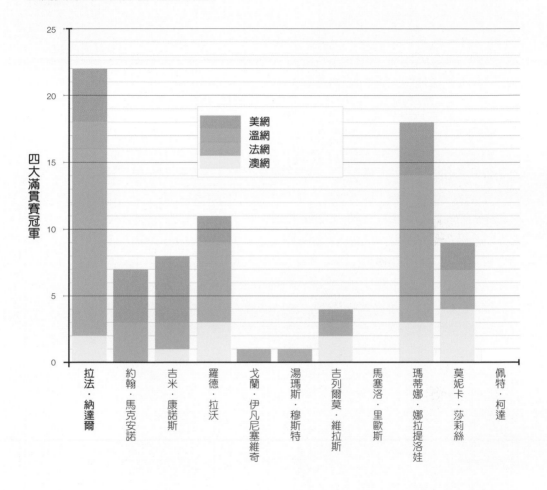

左撇子紀錄：
- 湯瑪斯·穆斯特（Thomas Muster）在紅土上贏得了法網冠軍，但未能在溫網闖過首輪。
- 智利網球選手馬塞洛·里歐斯（Marcelo Rios）在1988年是ATP世界排名第1，但從未拿過大滿貫冠軍。
- 近代最成功的兩位左撇子女子選手是瑪蒂娜·娜拉提洛娃（Martina Navratilova）和莫妮卡·莎莉絲（Monica Seles），分別獲得了18座和9座大滿貫冠軍。

左圖：2004年，在法網上發球。

「我只是建議他用他最強的那隻手，」托尼說，「就這樣。」

在接受耐吉採訪時，托尼更深入地探討這個問題。「這很奇怪，因為他唯一用左手做的事情就是打網球。如果他要接球，他總是用右手去接。他是右撇子。如果他要扔球，也總是用他的右手。當他還小的時候，他一直都是用雙手握拍打球，因為他沒有力氣。我認為用單手打球比用雙手要好得多，因為在職業巡迴賽中幾乎沒有任何球員會用雙手打球。最後，我們決定用左手。他以左打參加的第一場比賽非常困難。但是，嘿，這是他需要邁出的一步。」

他後天形成的雙撇子（mixed-handedness）還有一個更複雜的問題──那就是他的慣用手及慣用眼之間的關係。阿根廷記者塞巴斯蒂安・費斯特（Sebastian Fest）在《羅傑・費德勒與拉斐爾・納達爾：兩位網球傳奇人物的生活與職業生涯》（Roger Federer & Rafael Nadal: The Lives and Careers of Two Tennis Legends）一書中，針對這一點做了詳細的解釋。費斯特與這領域的專家保羅・多羅申科（Paul Dorochenko）討論了納達爾的變通性，他說明了有些球員的慣用眼及慣用手都在身體的同一邊（在這種情況下，他們被歸類為均質〔homogenous〕），而其他的球員則是在身體的不同邊（歸類為交叉側化）。多羅申科表示，納達爾屬於交叉性，因為他的慣用手在左邊，而他的慣用眼在右邊。

多羅申科告訴費斯特：「交叉性個體往往紀律渙散、反覆無常及愛出風頭，但也更有創造力、直覺力及更善於做出決定。」他聲稱世界排名前100名的球員有70%是交叉側化的。「另一方面，均質性的球員努力、有條理、善於分析及善於思考，但當要下決策時，會因為壓力而產生較多的負面影響。」

儘管很難接受納達爾可能缺乏紀律且反覆矛盾，但可以肯定的說，他激進的比賽風格可能源自於某種自我表現主義。而且他絕對有創造力、直覺力並善於做決定。

對納達爾來說，從雙手改為左手無疑是一個偶然的舉動。如今，只需看看右打球員面對他在球場優勢側發球時如何努力回擊。大量帶側旋的發球，球的旋轉幅度非常大，迫使回球者遠遠移出邊線之外，即使回球者勉強接回一球，也會發現自己已經完全不在下一球的回球位置了。

所有這些都引申出一個明顯的問題。「如果納達爾用右手打球的話，

他現在還會那麼強嗎？」托尼曾在網球雜誌的採訪中仔細想過。「我們並不知道，也永遠不可能知道。」

右圖：納達爾用左手打網球，但用右手寫字。

關鍵之戰

台維斯盃決賽（DAVIS CUP FINAL）

2004年12月3日

奧林匹克體育場（Estadio Olimpico），塞維亞（Seville），西班牙

第二場：拉法·納達爾 vs. 安迪·羅迪克

拉法·納達爾以6-7、6-2、7-6、6-2擊敗安迪·羅迪克

每位網球選手的職業生涯中，都有一場象徵著由青澀蛻變為成熟的重要比賽。對於納達爾來說，那就是2004年台維斯盃決賽（Davis Cup Final），在西班牙迎戰美國的第二場比賽中，他戰勝了安迪·羅迪克。台維斯盃決賽是國際男子網球團體賽事的重頭戲；相當於足球界的世界盃（World Cup）。但與世界盃足球賽不同的是，台維斯盃每年都會舉辦。

現今，台維斯盃這項頂級賽事，有18支球隊在3個地點（通常在11月底或12月初舉行）進行循環賽（round-robin matches），接著進行8強賽、準決賽和決賽。前幾年的賽制有所不同：16支球隊將在整個賽季中進行淘汰賽（5戰3勝制），最終勝出的2支球隊將在決賽中對決，通常在12月，這場決賽的5場賽事會在一個長週末進行，包括4場單打和1場雙打。

2004年，最強的兩支球隊是美國和西班牙，後者被允許選擇決賽的場地。他們知道這將會是今年度最受歡迎的體育賽事之一，而且紅土場地也會為他們帶來優勢，西班牙人選擇在南部城市塞維亞的奧林匹克體育場（當地人所熟知的La Cartuja）舉行決賽。這裡可容納六萬個座位，通常舉辦足球比賽，特別是西班牙的國家隊比賽，並且在草地球場周圍設有田徑跑道。既然在中間蓋網球場觀眾會看不見，主辦單位決定將紅土球場設置在一端，在其上方搭建一個臨時屋頂。即使切成兩半，也有27200名觀眾的空間，其中有些人在雨中搭營排隊，在比賽的前幾天，搶購最後一張門票。

但沒人預期到要為球隊中的小寶貝——18歲的納達爾加油。一開始，他被安排在雙打組合中的一員，與湯米·羅貝多（Tommy Robredo）

聯手，這對搭檔本來會是炮灰，被迫挑戰布萊恩兄弟（當時世界上最強的雙打組合）。但，奇怪的是，在最後一刻，球隊隊長喬迪‧阿雷塞（Jordi Arrese）選擇納達爾參加第2場單打比賽，對手是美國隊最強武器：世界排名第2以及前美網冠軍的安迪‧羅迪克。

沒有人會比納達爾本人更為震驚了。他認為自己是「團隊中的孩子」，比較像是隊友的啦啦隊長，而不是球場上有力的競爭者。他記得對於自己有機會能夠代表西班牙出賽感到難以置信的興奮。畢竟這是台維斯盃決賽，是整個網球運動中最重要的團體賽事。

但有一個問題。在卡洛斯‧莫亞贏得第一場單打比賽後，理論上，隊長應該要選擇比納達爾更有經驗的隊友之一（胡安‧卡洛斯‧費雷羅或湯米‧羅貝多）來打第二場單打比賽。目前為止，納達爾是所有4名隊友中排名最低的，還因為左腳踝應力性骨折缺席了2個多月賽季。他還記得當時覺得自己對上羅迪克就像是大衛對上歌利亞。因此，不意外地，他感到內疚、不自在和抱歉，特別是因為他被提拔到比他年長和更聰明的同胞之上。

然而，對比賽的渴望以及不讓隊友們失望的決心，也意味著他會以堅韌、勢不可擋的熱情展開這項艱鉅任務。

在一個通常是在溫暖春天或酷熱夏季觀看紅土比賽的城市，12月初的這個星期五，天氣涼風多雨。結果，人群中有許多人都穿著運動帽T和外套。在球場上，分與分之間，有時天氣冷到可以看見球員呼吸的氣息。

然而，被迫要在慢速性質的紅土上進行長時間的來回對抗，兩名球員都迅速熱好身。

第一盤進入搶七，納達爾很快以5-2領先，接著焦慮襲來。羅迪克奮力反擊，拿下了搶七和第一盤。

這時，主場優勢才真正顯現出來。在西班牙同胞不斷歡呼支持之下，納達爾在第二盤猛攻，以6-2拿下勝局。儘管美國人一次又一次地來到網前，試圖打亂對手的節奏，但結果證明這是一個不明智的決策。在這個潮濕、冬冷的紅土沉重場地上，納達爾往往有足夠的反應時間判斷對手的穿越球，即使是面對像羅迪克這樣強大的球員也是如此。

這場比賽的關鍵在第三盤，雙方球員都保住了盤末點。羅迪克在自己的發球局5-6時救回了2個，而納達爾在搶七中化解了1個，他放了一個

左圖：在塞維亞舉行的2004年台維斯盃決賽中對戰安迪·羅迪克。

右圖上左及右圖上右：擊敗世界排名第2的安迪·羅迪克，讓每個人都感到驚訝。

下圖：與卡洛斯·莫亞一起慶祝勝利。

刁鑽的小球讓對手全力飛奔上網，但最終還是將球打掛網。接下來的2分讓西班牙人如願以償，收下了這一盤。

　　即使是以台維斯盃的標準看來，那天在塞維亞的氣氛也是極度吵鬧的。現場有超過27000名喧鬧的觀眾，為納達爾贏得的每一分和羅迪克失去的每一分（甚至是非受迫性失誤）歡呼，在當時，這是參與正式網球比賽的最多人數。（1973年，比莉・珍・金〔Billie Jean King〕在性別大戰中擊敗鮑比・里格斯〔Bobby Riggs〕時，當時在休士頓太空巨蛋球場〔Houston Astrodome〕有3萬多名觀眾觀賽，但那是一場表演賽。）後來，納達爾說，他試著盡最大努力從這些無理偏袒的支持者身上汲取能量。幾乎每個致勝分都會以握拳慶祝作收，特別是針對他的對手。在關鍵分上，那些振奮的握拳更多了，還伴隨著騰空跳躍、側踢和高興的吼叫。後來，在比賽結束後，納達爾坦承，為了慶祝，他跳得那麼大力很愚蠢，而且所有這些額外的舉動都導致他的腿有點抽筋。不過，你可以看出他熱愛著每一刻，他光榮的成年禮。

　　到了第四盤，羅迪克在對手和嘈雜觀眾的攻擊下萎靡不振。第四盤比數5-2，納達爾終於來到自己的賽末發球局。他將球打向羅迪克的反拍（不快，也不刁鑽），結果，就一個簡短的4拍來回就順利拿下比賽，結束在羅迪克一個緊張的反拍過長出界。

　　納達爾直接往後一倒躺下慶祝，他的手臂和腿伸展成一個大字型，他的頭帶掉落在紅土上。球場周圍的人群爆出歡呼聲。「我耳朵裡的噪音感覺就像有一架巨型噴射機從頭頂低空飛過。」納達爾後來回憶道。「有一半的勝利要歸功於觀眾。」

　　納達爾打了3小時又45分鐘——這是他短暫的職業生涯中打過最長的一場比賽。「在我生命的每個時期，或許都會有關鍵的比賽，」他說，「這無疑是我人生中重要的一場。」西班牙最終以3-2贏得比賽。

　　那天在場的一名《紐約時報》記者克里斯多夫・克拉瑞（Christopher Clarey）將納達爾的表現形容為「無與倫比」。「在這項運動的悠久歷史中，很少看到這麼多從如此極端的角度打回的驚人好球，」他寫道。「雖然羅迪克打得漂亮又大膽，在這麼慢速的場地打得超乎預期並且謹慎，還打出一些令人讚嘆的截擊——但納達爾積極的能量、穿越球和在底線展現的活力最終還是讓他筋疲力盡了。」

下圖：納達爾與卡洛斯・莫亞

對我來說，在台維斯盃擊敗安迪．羅迪克，那真的是拉斐爾．納達爾成為冠軍的一刻，他寫下屬於他故事的開端，也是公眾第一次開始認識他的時刻。

——卡洛斯．莫亞

紅土網球

紅土之王：拉法・納達爾

「紅土教會你如何忍受痛苦。」傳奇的西班牙教練荷西．西格拉斯（José Higueras）如是說。在他的職業生涯中，曾指導過吉姆．柯瑞爾（Jim Courier）、羅傑．費德勒、皮特．山普拉斯、塞爾希．布魯拉格（Sergi Bruguera）、卡洛斯．莫亞等人，提供他們如何在紅土上表現出色的建議。他也沒有言過其實。在場地上更多的來回對抽、更大的角度和更高的體能要求，紅土網球一直都在考驗著球員的極限。

這也是一項精彩的觀眾性運動。尤其是如果你喜歡看兩名身材非常健美的運動員，他們耐心地在底線進行持久戰、發出吼叫、奮力衝刺及滑過一片紅土塵雲，等待精確時刻給予致命一擊。在這方面，很少有球員能比納達爾表現得更出色。

在ATP巡迴賽中，紅土賽事第一階段為2月及3月，在南美洲的夏季開始舉行，目前有巴西、阿根廷和智利。接著焦點轉移至歐洲，這時歐洲大陸一些最好的城市裡的飯店洗衣機會加速運轉，試圖洗刷掉球員衣服上的紅土灰塵。目前在馬貝拉、卡尼亞里、蒙地卡羅、巴塞隆納、貝爾格萊德（2場）、慕尼黑、埃斯托利爾、馬德里、羅馬、日內瓦、里昂、帕爾馬和巴黎都有賽事——後者是法國網球公開賽的紅土大滿貫賽事。（在摩洛哥的馬拉喀什及德州的休士頓也有錦標賽，以及在法網之後的5場歐洲公開賽，在漢堡、博斯塔德、烏馬格、格施塔德和基茨比厄爾。）

左圖：蒙地卡羅鄉村俱樂部，納達爾在此贏得11次冠軍。

　　主辦俱樂部和城市隨著世界頂尖球員的際遇和國籍而起伏，這解釋了為什麼2021年在貝爾格萊德舉辦了2場賽事（塞爾維亞公開賽和貝爾格萊德公開賽），靠著塞爾維亞最著名的諾瓦克·喬科維奇的名聲而獲利。然而，有4場紅土錦標賽是最耀眼及最熱門的，這些是所有球員都想從中脫穎而出的。

　　首先是4月在摩納哥舉行的蒙地卡羅大師賽（嗯，嚴格意義上說來，就在法國小鎮羅克布倫第馬丁的邊界），儘管在前一周還有一些小型錦標賽，該賽事通常被定義為賽季的開幕戰。蒙地卡羅鄉村俱樂部位在陡峭的山坡上，有著波光粼粼的地中海美景，映襯著美好的網球賽事。如果你厭倦了觀看球員的比賽，你隨時可以將注意力轉移到穿著奢華名牌服飾在俱

樂部周遭徘徊的當地人身上，有時甚至還有遊艇停泊在港口。摩納哥被描繪為「有錢人及有遊艇」之地，而納達爾在那裡贏得了11次冠軍，比任何其他球員都多。

接下來是5月在該國首都舉行的馬德里公開賽（Madrid Open）和羅馬大師賽（Rome Masters）。前者在位於聖費爾明（San Fermin）區域的曼薩納雷斯（Manzanares Park）線性公園內的魔術盒球場（La Caja Magica）舉行。納達爾在這裡取得了5次勝利，再次，超越任何其他球員。

羅馬大師賽的舉辦地義大利廣場（Foro Italico），可能是整個歐洲大陸最獨特的場地了，擁有墨索里尼時期的經典義大利法西斯建築，設有圓形劇場座椅和氣勢磅礡的古典雕像，讓人回想起古羅馬，為比賽注入真正的羅馬精神。納達爾在這裡贏得了破紀錄的10次冠軍，再次超越歷史上任何其他球員。

但實際上，蒙地卡羅、馬德里和羅馬都只是主要比賽的排練，在5月底，世界頂尖球員都將前往巴黎參加紅土賽季最終賽事，羅蘭加洛斯（也稱為法國網球公開賽）。就規模及壯觀程度而言，法國的大滿貫賽事是不容錯過的。經過近期的翻修，坐落在法國首都西郊第16區的羅蘭加洛斯球場，佔地12.5公頃，設有3座體育場：菲利普沙特里耶（Court Philippe Chatrier）中央球場（可容納1萬5千人）、蘇珊蘭格倫（Court Suzanne Lenglen）球場（可容納1萬人）和西蒙娜馬蒂厄（Court Simonne Mathieu）球場（可容納5千人），以及另外15個外部球場。

羅蘭加洛斯球場以紀念第一次世界大戰中一位著名戰鬥機飛行員而命名，他的朋友建蓋了最初的體育場，在近幾年中歷經了實質性的現代化。最新增加的設施是在蘇珊蘭格倫球場上建造可折疊式伸縮屋頂，將會在2024年奧運網球錦標賽之前完成。

羅蘭加洛斯球場有著足以跟大型道路建設相媲美的工程實力。深層礫石、水泥熟料和碎白石灰岩延伸到地底深處，上面覆蓋著幾毫米厚的磚塊粉末，使球場呈現出獨特的赭色。

「在這項運動所有的比賽場地中，紅土是最要求體力也最需要精湛技術的，」羅蘭加洛斯官方網站上如此宣稱。「毫無疑問，這樣的組成解釋了為什麼在紅土之王納達爾出現之前，對於所有球員來說，長久以來，法

網一直是最艱難的賽事。」

而納達爾的統治確實是長期的。他在這裡高高舉起男子單打火槍手獎盃（the Coupe des Mousquetaires），已經創下了14次紀錄，第一次是在2005年，而最近一次是在2022年。沒有人能逼近這個紀錄，任何人都不太可能做得到。事實上，最接近的是一名法國人馬克思‧德屈吉（Max Decugis），他擁有8個冠軍頭銜，但他是在第一次世界大戰之前參加比賽的，那時這項賽事稱為法國錦標賽，而且只有法國網球俱樂部的成員才有資格參加。除了德屈吉之外，其次的冠軍選手是瑞典的比昂‧博格，他在1970年代及1980年代初期獲得了6次單打冠軍。

朱利安‧皮切內（Julien Pichené）和克里斯托夫‧梭羅（Christophe Thoreau）是一本法網百科全書《羅蘭加洛斯文化圖鑑辭典》（Dicoculture Illustré de Roland Garros）的作者，以下是他們對於納達爾在那裡所掌握統治地位的看法：「事實上，這位非常努力的人，既是完美主義者，也是個永不滿足的球員，似乎就是個絕對、全面的冠軍。在他身上融合了法網前冠軍們的所有卓越特質：比昂‧博格的穩定，伊凡‧藍道的精確，馬茨‧韋蘭德（Mats Wilander）的耐心，吉列爾莫‧維拉斯的左撇子，塞爾希‧布魯拉格的彈跳上旋球和吉姆‧柯瑞爾的力量。此外，他的兩條腿上似乎都有一個托馬斯‧穆斯特（Thomas Muster）。」

儘管誇張，但這是個毫不誇大的讚美。單單看納達爾在法網的比賽紀錄，他總共參加了115場比賽，只輸過3場。這真的是一項非凡的成就。

法國網球公開賽可能不是4大滿貫賽中最著名的——這當然是專屬於溫布頓的榮譽。也不是最令人興奮的——就純粹的腎上腺素而言，在紐約高聲及喧鬧的美國公開賽毫無疑問地大勝。但法國網球公開賽擁有其他3項賽事所沒有的某種風格及氣勢。畢竟，這裡是巴黎。

當全世界最優秀的巨星降臨至法國首都，春天的空氣中總有著一份獨特的高盧風情。全球疫情大流行不可免地在一定程度上削弱了這場盛事，但在正常年度裡，這個體育場就像是封裝在一個網球俱樂部裡的巴黎。在寬闊長型的羅蘭加洛斯體育場內，綠樹成蔭的長廊如網絡般延伸至整個建築，串連起各個球場和溫室花園。這裡是法國，所提供的食物遠比其他大滿貫要好得多，當然，酒也是。而觀眾的穿著往往也更加優雅。

然而，在紅土，一旦比賽開始，所有的優雅很快就被丟棄了。在所有

場地中，紅土網球對體能的要求最高。之所以如此高要求的原因是連續來回的長度，不會有你在快速球場上看到的那種短而猛烈的肆虐。在紅土上，見證持續15次的來回對抽才能得下一分是很正常的（有時甚至更長），在這期間，場上的鬥士必須逐步、策略性地移動到一個他們可以打出致勝球的位置。「在紅土比賽就像在下棋，」這是荷西・西格拉斯另一個定論，「你有更多的時間來發揮創造力，也有更多的選擇決定要打出什麼球。」

磨成粉末後的紅土球場最表層，會讓球在落地後產生更多的摩擦力，比在草地或硬地球場上停留更長時間，並稍微減緩球的速度。因為紅土比硬地更軟，會吸收更多球的力道。根據一項調查，網球在紅土上彈跳後僅能保留59%的速度，而在丙烯酸塗料的硬地球場上為60%，在草地上為70%。如果紅土上有濕氣（在歐洲較北邊的城市通常會有這種情況），球會變得更慢。額外的摩擦力也意味著用強勁上旋擊中的球在反彈後會彈跳得更高，通常會彈跳到對手的頭上方。納達爾在他的底線擊球這方面特別有效果。

下圖：2019年，納達爾在法網菲利普・沙特里耶中央球場迎戰羅傑・費德勒。

在網壇上，他擊出最強勁的一擊。球以不規則的角度彈跳。他的正拍簡直是太離譜了。

——安迪・莫瑞

　　紅土高手在紅土上會採取特定的技巧和戰術。一個主要的考量點是球的軌跡。為了能夠利用球在紅土上的高旋轉，球員會擊出強勁的上旋球。切球也很有效，特別是反手拍，把球打在非常接近地面的位置，藉此防止對手在回擊時進行攻擊。

　　紅土上的步法幾乎是一門藝術，相當於芭蕾舞。許多地中海和南美洲球員花費數年時間完善他們在球場上滑步到位的方法。基本上，有兩種類型的滑步，第一種是在球員擊球之前，他們跑向球，滑步，平衡然後擊球。第二種是在球員擊球之後，回球來得太快以至於他們被迫要在跑動中擊球，然後以滑步滑行，改變方向，並迅速回到回防位置。

　　底線後方的移動戰術至關重要。在硬地球場和草地球場上，在允許的情況下，球員通常在來回擊球期間維持在底線附近。但在紅土上，地面擊球造成的高彈跳會迫使他們向前奔跑，以半截擊方式擊球，或者向後跑去接非常高的彈跳球。

　　放小球在紅土比賽中遠比其他場地更常見。這並不一定是因為球彈得較低，更重要的是，由於對手通常會固守在底線較深站位，他們自然需要往前跑上網才能接得到小球。

左圖：納達爾在紅土上滑步的藝術可謂完美。

納達爾紅土勝負紀錄

納達爾在所有場地的大滿貫決賽勝率為73.3%，22勝8負。以下是他在主要紅土賽
事中的紀錄：

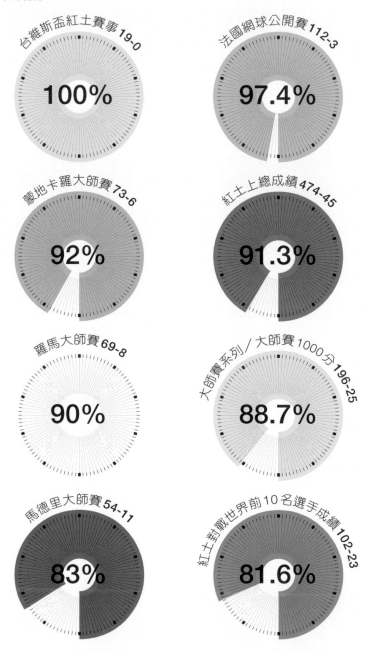

台維斯盃紅土賽事 19-0
100%

法國網球公開賽 112-3
97.4%

蒙地卡羅大師賽 73-6
92%

紅土上總成績 474-45
91.3%

羅馬大師賽 69-8
90%

大師賽系列／大師賽 1000 分 196-25
88.7%

馬德里大師賽 54-11
83%

紅土對戰世界前 10 名選手成績 102-23
81.6%

紅土交手紀錄

納達爾在紅土上與至少擊敗過他1次的選手戰績紀錄

勝／敗

選手		1	2	3	4	5	6	7	8	9	10	11	12	13	14	15	16	17	18	19	20	21	22	23	24	25	26	27	28
大衛·費雷爾	🇪🇸																					●	●						
諾瓦克·喬科維奇	🇷🇸																					●	●	●	●	●	●	●	●
羅傑·費德勒	🇨🇭															●	●												
尼古拉斯·阿爾瑪格羅	🇪🇸													●															
費爾南多·佛達斯柯	🇪🇸									●																			
史坦·瓦林卡	🇨🇭									●																			
多明尼克·提姆	🇦🇹							●	●	●	●																		
安迪·莫瑞	🇬🇧							●	●																				
法比奧·佛格尼尼	🇮🇹						●	●	●																				
胡安·卡洛斯·費雷羅	🇪🇸						●																						
迪亞哥·施瓦茲曼	🇦🇷						●																						
費爾南多·龔薩雷斯	🇨🇱					●																							
卡洛斯·莫亞	🇪🇸						●																						
羅賓·索德林	🇸🇪						●																						
亞歷山大·茲維列夫	🇩🇪						●																						
吉列爾莫·科里亞	🇦🇷					●																							
斯特凡諾斯·西西帕斯	🇬🇷					●																							
加斯頓·高迪歐	🇦🇷					●	●	●																					
巴勃羅·奎瓦斯	🇺🇾				●																								
丹尼斯·沙波瓦洛夫	🇨🇦				●																								
奧拉西奧·澤巴洛斯	🇦🇷				●																								
卡洛斯·阿爾卡拉斯	🇪🇸		●																										
伊戈爾·安德烈耶夫	🇷🇺		●																										
尼古拉斯·拉潘蒂	🇪🇨			●																									
奧立佛·羅契斯	🇧🇪			●																									
艾立克·柯瑞加	🇪🇸	●																											
奧利維耶·穆蒂斯	🇫🇷	●																											
安德烈·盧布列夫	🇷🇺	●																											

那麼身體素質呢？紅土的比賽用時通常比草地或硬地比賽更長，往往動輒3小時，對腿部造成的傷害是嚴酷的，端看在這場地上抽筋的球員人數就足以證明。

紅土高手的裝備略有不同。最重要的是球拍穿線。一些職業球員在紅土上會使用較粗的線，咬住球的時間較長，讓他們可以擊出更多的上旋。或者他們選擇更硬、磅數更高的線，在不把球打過長的情況下，還能製造出更多的旋轉和力量。有些人為了在擊出強烈上旋球時獲得更多的力量，甚至會稍微降低網線的拉力。

擊出更高旋轉會使拍線在線床內有更多的移動，塵土顆粒會卡在拍線之間並造成磨損。這難免會導致更多的拍線斷裂。在職業比賽，看到一名球員在單場比賽中打斷6支或更多球拍都是很正常的。

在紅土上，球員也會穿著特定球鞋，通常鞋底上有人字型溝紋，抓地力強，有利於滑步，最關鍵是鞋底不會卡太多泥土。但總會有一些紅土會卡住，因此，球員用球拍將卡著的泥土拍落也是很常見的。

上圖及右圖：紅土場地專用球鞋，鞋底設計抓地力強，且不會造成泥土堵塞。

下頁圖：2019年，在法國網球公開賽上。

　　不要指望球員在賽後離開球場時，身上不會沾染到一絲紅土。一個翻滾，他們很可能就會全身沾滿紅土。

　　髒衣服；髒球鞋；漫長並艱難的多拍來回；累，抽筋的腿。沒錯，紅土是讓球員最痛苦的場地。而像納達爾這樣能夠承受最大痛苦的人，最終卻也是最成功的。正如納達爾曾經這麼說：「在我的職業生涯中，我學會了享受痛苦。」

關鍵之戰

蒙地卡羅大師賽

2005年4月17日
蒙地卡羅鄉村俱樂部，羅克布倫第馬丁，法國
決賽：拉法・納達爾vs.吉列爾莫・科里亞
拉法・納達爾以6-3、6-1、0-6、7-5擊敗吉列爾莫・科里亞

「拉斐爾代表了新一代、新浪潮。」2005年，蒙地卡羅大師賽總監看到這名18歲的馬約卡島人在蒙地卡羅鄉村俱樂部打進決賽時，說出這句明智的話。

納達爾一路打進決賽的過程令每個人都印象深刻。在前四輪的對戰，對上了加埃爾・孟菲爾斯（Gael Monfils）、克薩維埃・馬利斯（Xavier Malisse）、奧利維埃・羅庫斯（Olivier Rochus）和加斯頓・高迪歐，皆未失一盤。在8強賽對上世界排名第6、法網本屆冠軍高迪歐，他以6-3、6-0的強勢之姿獲勝。在對戰吉列爾莫・科里亞的決賽中，他又會造成什麼破壞呢？

這位技藝高超的阿根廷人，綽號魔術師（El Mago），他在前一年打進法網決賽，曾一度高居世界第3。但自從他在2001年因諾龍藥檢（nandrolone）呈陽性而遭到禁賽（他將這一違規行為歸咎於被污染的維生素補充劑）後，這位紅土高手在比賽的關鍵時刻就容易緊張。

納達爾在前二盤橫衝直撞，壓力越來越大。正如《衛報》記者史蒂芬・比爾利（Stephen Bierley）所寫：「一旦朝著對手猛攻，納達爾就是令人生畏。他的比賽才正展開，但他的速度非常快，正拍兇猛，而且無所畏懼。」

納達爾很快地以6-3、6-1拿下前二盤。但接下來，莫名其妙地，他的注意力完全下降，比賽的氣勢又轉向對手那一邊。僅僅半個小時，他一局未得的輸掉了第三盤。

科里亞一定認為他有機會扭轉戰局。不過，納達爾證明自己更為堅

定。迅速重組，他掌控了第四盤。穿著他的運動七分褲，白色頭帶和橘色無袖上衣，常常將自己隱蔽在球場的背景之中，他很快地破了科里亞的發球局，取得1-0領先。

　　而今我們都知道，在這樣的情況下，納達爾會毫不留情地打爆對手。但當時的網球迷（以及科里亞），似乎還沒有意識到這個年輕人的能力。接著是一次10拍來回，納達爾加重了他的擊球力道和他的叫喊聲。在第6拍時，他以一個很深的反拍對角將科里亞推到後方，接著是一個猛烈的底

線正拍回擊，直到最後他用一個極為精準的小球拿下這一分。

在局數2-0，比分來到40-30時，迎來這場比賽中最令人振奮的一分。連續15拍的多拍來回，兩名球員彷如教科書般地來回底線抽球，彼此都在等待對方失誤。然後，在第16拍時，科里亞出其不意地放了一個小球（這是個會令大多數球員感到慌亂失措的有效小球）。但納達爾已經預料到了，他向前衝刺，以正拍直線擊球。柯里亞輕鬆攔截，把球回向遠方對角，盡可能遠離納達爾。納達爾展現了他驚人的體能，再往後狂奔，勉強接到球，把球打向直線，在這個階段，柯里亞已經筋疲力盡，以至最後一次回擊將球打掛網。

最終，納達爾來到了賽末點。但這又是一場漫長的拉距戰——這次是16拍來回——他才終於拿下大師系列賽中的第一次勝利。他高興地躺在球場上慶祝。

「此刻是難以置信的。今天我非常、非常專注。我全程都非常專注，」賽後他開心地、結結巴巴地用英文這麼說。「是的，是的，我第一場非常重要的比賽，對吧？所有人記得這個冠軍，每件事。但我的目標是打出更好的網球。我要改進我的發球，我的截擊，我的切球。如果我這麼做，如果我改進這些，我想我可以贏很多的比賽，對吧？」

這實在太輕描淡寫了。那年，納達爾在他的櫃子上又增添了3個大師系列獎盃，以及他在法網的首座大滿貫冠軍。在本賽季結束時，他總共贏得了12座ATP巡迴賽冠軍。

左圖：納達爾2005年在蒙地卡羅大師賽的戰役，包括這場準決賽戰勝了主場英雄里夏爾·加斯凱。

5

儀式與恐懼

「我不是個迷信的人，否則每次輸球我就會改變儀式。我也不是擺脫不了固定動作的人。人們所說的固定小動作或儀式是我為了讓頭腦保持清醒有序，因為我的頭腦通常很亂，這是一種專注和讓內在聲音安靜下來的方法。這樣我就不會聽到那些告訴我會輸的聲音；也不會有甚至更可怕地，那種告訴我會贏的聲音。」

這是納達爾最近在接受義大利的羅馬體育報（Corriere dello Sport）採訪時，也許是他第一千次解釋為什麼他在比賽前和比賽中遵守這麼多明確規定的儀式。這些儀式是他性格中有趣的一部分，數不勝數，但至少從外人眼裡，它們沒有什麼明顯的目的。

多年來，它們都各不相同，這取決於納達爾的心理狀態，但它們都遵循著一個普通模式。

一切從更衣室開始。他坦承，在比賽開始前45分鐘，他一定要洗個冷水澡，來啟動他的專注力，讓他的身體為接下來的對戰做好準備。然後他堅持將他通常會帶上球場的6把球拍全都先纏好握把。據報導，他拒絕穿高於鞋子15公分的襪子；而且他會在比賽前1小時從球袋裡拿出他的頭帶，但直到上場前幾分鐘才會把頭帶繫到頭上，總是緩慢地、緊緊地、精確地繫上。通常，他會在球場上重新整理頭帶，以同樣專注、有條不紊的方式繫上。他會當場做積極的跳躍和衝刺，聽音樂。接著，他會休息和上廁所。他坦承，在比賽開始前的最後那1小時，他經常會「緊張性多尿」5、6次。

然後接續著大量的賽前儀式。在重大賽事中，球童們出於禮貌會將球員的球袋背進球場上，而納達爾則堅持進場時自己手握1支球拍。一旦抵達他的場邊座椅，他通常會要求他的球袋要整齊地放在他的椅子旁邊。（一度，還必須在球袋下方墊1條毛巾。）現

左圖：納達爾要精準地擺放他的水瓶，才會感到自在。

在輪到水瓶：一定會有 2 瓶，一瓶裝滿冰水，另一瓶是常溫水，將水瓶非常仔細地排放在地上，在椅子的左前方，商標斜角對齊球場。在交換場地時，你會留意到他總是每一瓶都小口啜飲。

熱身結束後，納達爾比對手更喜歡坐在座位上（總是最後一個坐著的人）。但是，隨後會瞬間行動，在對戰開始之前，他會誇張地衝刺到底線。在分與分之間，他會調整他的步伐，以免踩到場上的線。當換邊回座位時，他總是先等對手越過網柱後，自己再跨過去。

發球前還有一些事要完成：調整防汗護腕、調整頭帶、調整衣服、將頭髮塞到耳後、確切的拍球次數。在他站到底線並收到球後，常見的準備程序是：用右手很快地拉扯球褲裡的內褲，拉拉左邊衣服肩線，再拉拉右邊衣服肩線，摸摸鼻子，將兩邊頭髮撥到耳後，然後開始拍球。拉扯短褲和上衣不是因為衣服品質不好（畢竟，他的贊助商已經花費數百萬元開發出世上最好的網球裝備了），這只不過是他讓自己平靜、專注的另一種方式。他說，他甚至沒有意識到，在成千上萬的觀眾面前，以及在全世界數百萬人觀看的電視上，他在每次發球前都會試圖拉扯褲子裡的內褲；通常在一發和二發之間會再做一次。「我從小就這麼做了，沒辦法改掉這個習慣，」他告訴 GQ 雜誌。「這只是一件我無法改掉的事情，我可以改變很多事，但這件事，沒辦法。」

就連他可憐的母親安娜瑪麗亞也被捲入這場爭論中。「你不知道人們給過他多少條內褲，認為是他的內褲不合身，」她曾在一家西班牙雜誌上透露。「有個人寄給我一封信，說我們應該要買大一點的尺寸，並隨信附上 4 件內褲。這是一種緊張的不自主動作，而他越緊張……他一生都經歷著。我認為他的內褲應該要比現在穿的再大一些。」

納達爾並不是唯一一位在發球前有固定儀式動作的網球選手。亞歷山大・茲維列夫在發球前會拉起他的上衣，抓一個想像中的癢；而丹尼斯・沙波瓦洛夫則會從跨下拍 2 次球。諾瓦克・喬科維奇的拍球，無論是用他的球拍還是用手，都是沒完沒了的。他曾經承認他的紀錄是在台維斯盃的比賽中，總共拍了 38 次。

可以說，在運動心理學中，非理性或迷信的固定動作和儀式發揮著重要作用，成功來自信念。在 2001 年溫網參賽期間，另一名左撇子，來自克羅埃西亞的選手戈蘭・伊凡尼塞維奇，他確信自己每天觀看兒童電視節

右圖：繫頭帶是許多賽前儀式之一。

目《天線寶寶》有助於幫助他獲勝（而他真的做到了）。2008年，當最受歡迎的賽琳娜·威廉斯（Serena Williams）在法網第三輪被擊敗時，她將自己的意外落馬歸咎於沒有堅持熟悉的固定模式。「我沒有繫好鞋帶，我沒有拍5次球，也沒有把我的浴室拖鞋帶到球場上，」她說，「我沒有帶多餘的衣服。我就是知道這是宿命。這不該發生的。」

其他類運動的運動員甚至更加迷信。以英國板球選手馬克·蘭帕卡什（Mark Ramprakash）為例，2011年，他將自己的出色表現歸功於嚼同一片口香糖。如果當一天比賽結束後，他仍然未出局，他會將口香糖黏在球拍握把的尾端，「留到明天重新上場時吃，」他說。

澳洲足球守門員馬克·施瓦澤（Mark Schwarzer）在他的整個職業生涯中都穿著同一雙足球護脛。最一開始是1990年，他19歲，接著每一場比賽，直到他2016年退役。「我對各個俱樂部的裝備管理員說：『如果你把它們搞丟了，我會殺了你』，」他曾經這麼說道。

人人皆知，老虎伍茲（Tiger Woods）在他的高爾夫球比賽最後一輪中會穿著一件紅色襯衫，這是他從小就開始做的事。「我只是出於迷信堅持這麼穿，它奏效了，我不會改變它。」

但有沒有一種方法可以解釋所有這些迷信的狂熱？早在1940年代，一位美國的心理學家建議，為了理解人類的迷信，我們得從我們的鳥類朋友身上學習。1947年，印第安納大學的行為心理學家（後來成為哈佛大學的心理學教授）伯爾赫斯·法雷迪·史金納（Burrhus Frederic Skinner）用鴿子進行了一項實驗。他把飢餓的鴿子關在一個籠子裡，籠子裡有一個自動落下食物的裝置。奇怪的是，鴿子很快開始將食物與牠們所表現的任何隨機動作聯想在一起，隨後認為重複這些隨機動作會獲得更多的食物。

史金納在《實驗心理學雜誌》（Journal of Experimental Psychology）上以「迷信的鴿子」為標題寫道：「有一隻鴿子會繞著籠子逆時針轉圈，在增強機制之間旋轉2至3圈；另一隻會反覆將把頭伸進籠子上方的某個角落；第三隻產生了『甩動』反應，好像把牠的頭放在一根看不見的桿子下面並反覆抬起它。兩隻鴿子產生了頭部和身體鐘擺式的擺動，其中頭部向前伸展，從右向左擺動，動作急劇，然後再慢慢減緩。」

這一切都讓納達爾的水瓶擺放、冷水澡和拉內褲突然顯得沒那麼有趣了。

史金納用以下方式對鴿子的迷信與人類的迷信進行了比較：「這個實驗可說是證明了一種迷信。鴿子的行為就像是相信牠的動作和食物之間存在著因果關係，儘管這樣的關係是不存在的。在人類的行為中也有很多類比。改變打牌運氣的儀式就是很好的例子。儘管有許多未進一步證實的例子，但儀式和有利結果之間的一些偶然聯繫足以建立並維持這樣的行為。在球道上丟出保齡球的人，會繼續扭動及轉動手臂和肩膀，彷彿他可以控制球前進的方向一樣，這是另一個很好的例子。當然，這些行為對一個人的運氣或在球道中的球沒有真正的影響，就像在目前的情況下，即便鴿子什麼都不做，或更嚴格說來，即便做了其他的事，食物都還是會常常出現的。」

於是乎，雖然納達爾的儀式和習慣動作對比賽的結果沒有實質的影響，但它們確實有助於讓他的心平靜下來。他下意識地相信它們有其效果。他對這些儀式的控制有助於抗衡自己對比賽其他因素的不可控。「當我做這些事情時，代表我很專注，我正在比賽，」他曾經解釋。「這是我不需要做的事情，但當我這麼做的時候，這代表著我很專注。」

納達爾談到他必需在比賽中變成一台「網球機器」，透過掩飾自己的

情緒，奮力抵抗自己的弱點，由此增加獲勝的機會。他說，這就像是他形式上的中世紀騎士穿著盔甲上戰場。「這是一種自我催眠，一場我要打的比賽，以極度的認真，對自己、也對你的對手掩飾自己的弱點，」他在自傳中這麼說道。

然後，他的恐懼症是個棘手的問題。多年來，他承認有不少沒來由的恐懼。他的母親描述了他有多麼怕黑，喜歡開著燈睡覺。她曾透露兒子如何在大半夜驚慌失措地打電話給她。「他打電話給我說，『媽媽，我們有麻煩了』，」她回憶著，「『停電了，我快嚇死了。』我得告訴他，手電筒的電池放在哪個抽屜裡。」

在接受《時尚》雜誌採訪時，納達爾解釋了他對黑暗的恐懼。「晚上一個人在家讓我有點緊張。如果我在家，我必須睡在沙發上。我不敢去床上睡。我會在那裡把電視打開，把所有的燈都打開。我在生活中對很多事都不是很勇敢。在網球世界裡，我是。但在其他方面，都不怎麼樣。」

小時候，每當大雷雨時，納達爾會蜷縮在坐墊下。他的母親說，即使到長大，當有雷雨預報時，他也會試圖阻止家人外出。在他非常小的時候，這種對雷雨的恐懼是托尼叔叔用來讓他的侄子專注在球場上的一個方法。他告訴納達爾，如果他沒有百分之百的集中注意力在比賽上，雷神會生氣。這個伎倆每次都奏效了。

但對雷雨的恐懼只是冰山一角。賽車、摩托車、直升機、腳踏車、深海、房子失火、狗、蜘蛛，實際上是大多數的動物……一連串的日常事物及事件都讓他充滿了恐懼。

他「超怕」直升機這件事或許是可以理解的。但是，如果有專業上需要乘坐直升機旅行，他會接受。他也試著避開摩托車。「我有一輛摩托車，但它是一份禮物，我不會騎的，」他曾經說過。「我不騎。我怕摩托車。那是非常危險的。人生只有一次。」

不過，較令人難以理解的是他對於開車的恐懼，尤其是當你知道他擁有幾輛非常厲害的超級跑車後。他的母親指出他的兒子坐在方向盤後方有多麼謹慎，不斷地踩剎車和油門，而且總是對超車感到緊張。

對一個島嶼男孩來說，對深海的恐懼似乎也不合邏輯。然而，納達爾的妹妹曾經透露，除非他能看到海底，否則她的哥哥是不會玩水上摩托車或在海裡游泳的（有鑑於狗仔隊拍到他與妻子及朋友們一起玩水上摩托車

上圖：雖然納達爾的儀式對比賽結果沒有影響，但這些確實有助於讓他的心平靜下來。

的照片，想必是他現在已經接受這件事了）；以及從高岩上跳水，這是馬約卡島許多孩子喜歡玩的特技，完全禁止。那腳踏車呢？他說他沒有一次騎腳踏車是自在的，總是擔心自己會摔倒。

納達爾最感害怕的，似乎是他的家人可能會遭遇到一些可怕厄運。生病或發生意外那微乎其微的可能性都令他感到慌亂不已。他的母親記得，在變冷的幾個月裡，納達爾會不斷提醒他的母親在睡前檢查壁爐裡的火是否有完全熄滅。如果他晚上跟朋友在外面玩，他有時候會打3次電話提醒她。真的是一點都不誇張，他與家人的關係非常密切。這或許也說明了為什麼他從未離開過他的島嶼家園。他的許多網球同儕早已經搬到世界各地的避稅天堂，而納達爾寧可待在家人身邊，儘管西班牙的個人所得稅率高達47%。

單打比賽發球與接發紀錄

	2005	2008	2013
單打發球紀錄			
發球直接得分Aces（次）	219	283	221
雙發失誤（次）	131	117	120
第一發球進球率	69%	69%	69%
第一發球得分率	71%	72%	73%
第二發球得分率	57%	60%	57%
破發點（次）	449	395	356
破發點保護率	64%	67%	69%
發球局（局）	1,038	1,054	913
發球局勝率	84%	88%	88%
總發球勝分率	66%	68%	68%
單打接發紀錄			
一發接發球得分率	37%	34%	35%
二發接發球得分率	57%	55%	54%
破發點機會（次）	845	786	662
破發點兌現率	46%	45%	47%
接發局（局）	1,031	1,045	916
接發局勝率	38%	33%	34%
接發球得分率	45%	43%	42%
總勝分率	55%	55%	55%

2017	2020	2005-2020比較	所有場地生涯成績	紅土場地生涯成績
286	157		3,856	985
123	66		2,066	681
68%	64%		68%	70%
74%	75%		72%	70%
61%	58%		57%	57%
340	160		6,309	2,526
70%	68%		67%	66%
939	414		14,780	5,499
89%	87%		86%	85%
70%	69%		67%	66%
35%	35%		34%	40%
56%	57%		55%	58%
718	278		10,943	4,800
41%	49%		45%	49%
908	398		14,633	5,433
33%	34%		34%	43%
43%	43%		42%	47%
56%	56%		55%	56%

全球新冠病毒大流行加劇了納達爾的恐懼，就像它對幾乎所有人的恐懼一樣。病毒第一次來襲時，他33歲，他說，他並不擔心自己的健康。「但是，如果我染疫了，我可能會傳染給帶有風險的人，」他在最近的一次採訪中說。「我擔心我的父母、我的家人、我的社區。這是我們人生中最艱難的時刻。這就是為什麼現在是時候為比網球比賽更重要的事情而戰了。」

　　看著球場上的納達爾，所有這些儀式、慣性動作和恐懼症都構成了令人嘖嘖稱奇的奇觀。看到訓練有素的運動員和害怕的小男孩的結合，是一個有趣的視角，深入人們的內心深處。

　　納達爾的教練卡洛斯・莫亞將他的身分比喻為克拉克・肯特和超人的雙重人格——溫文儒雅、戴著眼鏡、不擅社交的宅男，而只要輕輕一按，就會變身成無畏、健壯、大獲全勝的超級英雄。和超人一樣，納達爾總是同時展現出他溫文宅男以及他超級英雄的一面。

　　正如他自己所說：「在球場上，也許表面上我看起來無所畏懼，但在內心裡，我很害怕。我覺得恐懼是人生中的一部分。」

發球方向：納達爾的發球模式

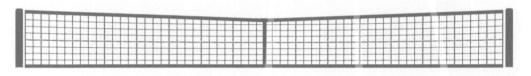

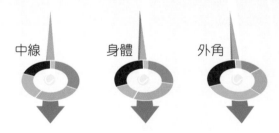

中線　　　　身體　　　　外角

🔵 納達爾一發方向　🔵 納達爾一發方向　⚪ 納達爾一發方向　⚫ 納達爾一發位置
0-0　　　　　　　　15-15　　　　　　　30-0　　　　　　　0-30
外角＝25%　　　　外角＝36%　　　　外角＝52%　　　　外角＝49%
身體＝13%　　　　身體＝13%　　　　身體＝6%　　　　　身體＝14%
中線＝62%　　　　中線＝51%　　　　中線＝42%　　　　中線＝37%

紅土之王：拉法・納達爾

左圖：2020年，緊張的納達爾在澳洲伯斯罕見地乘坐直升機。

上圖：在全球疫情大流行期間面對媒體。

下頁圖：2004年，在佛羅里達州邁阿密參加比賽。

> 在某個地方有一個納達爾星球，那裡的孩子不玩洋娃娃，而是玩球拍；肌肉先於骨骼生長，學習勇氣先於說話，心跳動得更快。納達爾是個將自己變成超人的青少年。

──國家報

關鍵之戰

法國網球公開賽

2005年6月5日

羅蘭加洛斯球場，巴黎，法國

決賽：拉法・納達爾 vs. 馬里亞諾・普埃爾塔

拉法・納達爾以6-7、6-3、6-1、7-5擊敗馬里亞諾・普埃爾塔

當納達爾年僅19歲在法網贏得首座冠軍時，誰能料想到他將在巴黎紅土再奪下13座冠軍，多於歷史上任何其他球員？現在回想，我們如今都同意這位優秀的西班牙人是無可匹敵的紅土之王，但在當時，14座法網冠軍是難以想像的。

整個2005年的冬末和春季，納達爾在紅土上的表現呈指數級上升。2月，他在巴西和墨西哥贏得了小型ATP錦標賽。4月初，在硬地球場上，他打進了邁阿密大師賽的決賽，在一場勢均力敵的5盤大賽中輸給了羅傑・費德勒。當月稍晚，他回到紅土，在蒙地卡羅贏得了他第一座ATP大師賽冠軍，隨後在巴塞隆納和羅馬再奪得更多的冠軍頭銜。

當他在前幾輪中擊敗里夏爾・加斯凱、塞巴斯蒂安・格羅讓（Sebastien Grosjean）、大衛・費雷爾和羅傑・費德勒，進入法網決賽時，他看似勢不可擋。在菲利普沙特里耶中央球場對上來自阿根廷的馬里亞諾・普埃爾塔（Mariano Puerta）時，絕大多數的球迷都希望這位西班牙人能獲得勝利。在這些球迷中，有西班牙國王胡安・卡洛斯一世（Juan Carlos I）。西班牙的國王前往巴黎觀看紅土網球的新世代小天王，這證明了這位年輕的馬約卡島人的評價有多麼高。

納達爾留著齊肩長髮、標誌性的海盜風格褲子、白色頭帶和萊姆綠的無袖上衣，充滿活力地踏上他的第一個大滿貫決賽，在第一局很快就破發成功了。接著，在納達爾取得局數3-1，比數40-15領先時，普埃爾塔叫了暫停，慢慢地走回他的椅子上，要求防護員把他的右大腿綁起來。假如納達爾猜想他的第一個大滿貫決賽將在半小時之內結束的話，他很快

就改變這個想法了，因為普埃爾塔救下了2個局點並以破發將比數扳回至3-3。儘管有包紮，但阿根廷人身上並沒有顯露出任何弱點的跡象。這兩名球員持續猛力地在底線來回對抽。普埃爾塔持續以兇狠的回擊接連猛攻他的對手，這本應該讓他手忙腳亂，不過，納達爾的防守打法十分出色，他能夠立即切換到反擊模式的能力也是如此。令觀眾興奮的是，幾乎他所有的致勝分都穿插著振臂揮拳，大叫一聲「Vamos」！這是一個我們現在都很習慣的慶祝方式，但在那個時候，在他職業生涯的早期，這樣的極度

下圖：普埃爾塔和納達爾展開2005年法網決賽。

自信仍會令人感到刺耳。普埃爾塔對此的回應似乎是帶著不滿和困惑。不過話又說回來，他又叫了1次暫停。

這場首盤戰很快就進入到搶七，也許其中最關鍵的一分是在比數2-2時，當時一次激烈的14拍多拍來回結束，納達爾追趕一記小球，普埃爾塔站在網前防守，隨後納達爾及時將球直接打向對手的頭，得分後再次揮拳慶祝。公平地說，他後來確實有短簡致意，但你可以看出2位球員之間的緊張氣氛在此刻變得比之前任何時候都更為緊繃。

激發戰火後，納達爾打出了2記驚人的致勝球，1個正拍上旋的角球，1個反拍直線穿越，所有人都為之瘋狂，尤其是納達爾本人，他驚訝到扔下球拍。普埃爾塔以小球來戲耍西班牙人，他做出反擊並設法讓自己來到6-5的盤末點。接著再次以7-6的比分贏得搶七，拿下第一盤。

納達爾的回應來得迅速且具破壞力。在這次賽事中，這是他第一次失掉首盤。然而，陷入沮喪從來就不是他的風格，他施加更多壓力，奮力追逐那些其他球員會放棄的球。這一切都造就出一些扣人心弦的多拍來回，以及許多人仍然會想起的一場紅土經典賽事。

在第二盤的第四局中，納達爾再次破了普埃爾塔的發球局。在那之後，這名在8強賽及4強賽皆挺過5盤大戰的阿根廷人意識到自己的決心正在下滑。納達爾隨及也掌控了第三盤的比賽，最後因對手的雙發失誤而拿下。

然而，從某個時刻開始，普埃爾塔找到一種省力打法。在第四盤來到局數5-4，40-15領先時，他取得了2個盤末點，但這2個盤末點都因西班牙人的敏捷反應而挫敗。第三個盤末點也被擋下，於是倏忽之間，普埃爾塔不但沒能將比賽延續到第五盤，反倒自己面臨了破發點。納達爾扳平戰局至5-5。

普埃爾塔錯失了他的機會——在局數5-6，比分30-40落後情況下，要藉發球留下一線生機，他最終失敗了，一個正拍擊球出界。納達爾立刻倒地，呈大字型仰躺，筋疲力盡但興奮不已。紅土之王的統治就此展開。

而在此同時，還有西班牙國王在場邊需要關照。納達爾的頭髮、上衣和褲子沾滿了紅土，他爬上看台擁抱了他的父母、妹妹、叔叔、阿姨、支持團隊及好友們。胡安‧卡洛斯一世隨後從總統包廂俯下身來祝賀他的忠實子民，抓住他出汗的二頭肌（正是這塊肌肉對普埃爾塔造成了致命的傷

害）。納達爾情緒激動的含淚哭泣，坐在場邊的椅子上耐心等候，頒獎儀式的佈置準備。最後，在一位球童的陪同下，他踏上這得來不易的頒獎台，由法國足球傳奇巨星席內丁·席丹（Zinedine Zidane）將火槍手獎盃交到他手裡。

那天晚上，納達爾和他的團隊在香榭麗舍大道上的一家夜店慶祝勝利。同時，來自四面八角的祝賀也紛至沓來。西班牙政界人士紛紛加入這股愛國從眾效應。

他的官方網站被大量訊息轟炸，其中包括幾個求婚要求。

多年後，納達爾極度深情地回顧了他的首次大滿貫勝利。「我當時很年輕，有巨大的能量，年輕的衝動，」他回憶道。「我有能力回擊困難的球，贏下重要的分數，並以實力和力量打回這些球。我以絕對的熱情比賽。4強賽我打得很好，決賽打得並不輕鬆。但實際上我覺得一切都很棒。我對自己的比賽充滿信心，因為我贏得了（那個春天）之前的所有比賽，但我也知道任何事情都有可能發生。」

「這一切發生的太快。我在2個月內，從世界排名第50名到參加法網決賽。但我做得很好，很平靜。我有正確的教養。我已經準備好要面對這樣的比賽。在那場勝利之後，我回到飯店時說：『好了，我已經贏得了我在網球比賽中能贏下的最重要比賽。所以在我接下來的職業生涯中，我要更少壓力、更平靜的打球。』結果事實正好相反：每一年，你都會承受越來越大的壓力。」

右圖：法國足球傳奇席內丁·席丹為納達爾獻上他的第一座法網獎盃。

> 事實是，它（咬獎盃）一開始只是開個玩笑。但從那時起，總是有攝影師要求我這麼做。我一直這麼做，現在我別無選擇，只能繼續這麼做，因為我能向你保證，它並不好吃。

——拉法·納達爾

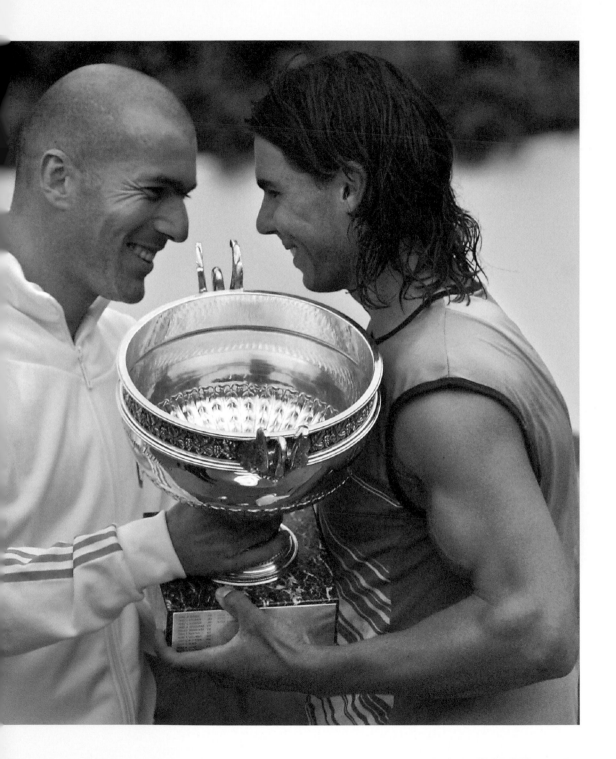

6

財富

隨著他接近職業生涯的後期階段，納達爾從獎金和贊助中獲得的收入正在減少。早在2014年，他在羅蘭加洛斯贏得第九座法網冠軍的那一年，他獲得驚人的4450萬美元，其中包括贊助商的3000萬美元及來自比賽獎金的1450萬美元。到了2016年，這個數字略微下降至3750萬美元。2018年，又回升至4140萬美元。

男女運動選手的收入究竟是多少，是一門不精確的科學。會計師幾乎不太可能將客戶的納稅申報表公諸於世。然而，美國商業雜誌《富比士》每年都會根據業內人士對獎金、薪水、津貼、贊助協議、出席費、專利收入和商業投資之研究，公佈其全球收入最高的50名運動員名單。該名單涵蓋了2021年5月至2022年5月期間，足球傳奇人物萊納爾·梅西（Lionel Messi）位居榜首，總收入為3億8000萬美元。籃球運動員勒布朗·詹姆斯（LeBron James）以1億2100萬美元排名第2，克里斯蒂亞諾·羅納度（Cristiano Ronaldo）收入1億1500萬美元。收入最高的網球運動員是羅傑·費德勒，身價為9070萬美元。然而，在2020年和2021年的大部分時間裡，因傷病或疫情大流行而缺席的納達爾卻不見蹤跡。

也不是說他很快就得勒緊褲帶。在他漫長的職業生涯中，至今為止，光是比賽獎金就累積了約1億3100萬美元——是史上並列第二高的男性球員，僅次於喬科維奇（1億5600萬美元）並與費德勒並列。然而，與他收到的巨額贊助費相比之下，這相形見拙。自從他在2001年轉為職業球員以來，許多不同的品牌都急於與這位球員有所交集，隨著他每增加一個新的大滿貫冠軍頭銜就益發更感興趣。他最新的贊助商名單包括他長期合作的服裝品牌耐吉、他的球拍品牌百寶力（Babolat），以及西班牙金融

左圖：在辛辛那提大師賽穿著耐吉—短褲，勾勾；護腕，勾勾；上衣，勾勾；頭帶，勾勾。

巨頭桑坦德集團（Santander Group）、汽車製造商起亞、西班牙保險公司曼弗雷（Mapfre）、艾莉卡（Heliocare）護膚產品、西班牙電信公司（Telefonica）、瑞士手錶製造商理查德米勒（Richard Mille）和荷蘭啤酒阿姆斯特爾（Amstel）（當然，是不含酒精的版本）。

　　納達爾絕不是手握網球拍中最富有的球員。這殊榮屬於羅傑・費德勒，在2020年，據《富比士》雜誌報導，他的收入為1億630萬美元（比世界上任何其他球員都多）。如前所述，這位瑞士公民以9000萬美元在最新富豪排行榜上名列前茅，但在ATP紀錄的2021年度中，他僅獲得了64萬7655美元的獎金。在富比士榜單上，緊隨在費德勒之後的是大阪直美（Naomi Osaka）、小威廉斯和喬科維奇。

　　那麼，在網球職業中，是什麼保障了頂尖職業選手如此巨額的贊助收入呢？這主要歸功於電視。在網球比賽中，分與分之間，電視鏡頭會聚焦在球員的臉部及上半身，確保常常會拍攝到服裝上的標誌。比賽會持續3個小時或更長時間，（特別是在納達爾最愛的紅土場地上），直到比賽結束時，會增加大量在螢幕上的曝光機會。網球在全球廣受歡迎（男子ATP巡迴賽在六大洲的30多個國家舉辦賽事），特別是以富裕的中產階級為主，並在1月至11月期間享有電視轉播。贊助商可以從他們的投資中獲得可觀的回報。

　　但像納達爾、費德勒和喬科維奇這樣的球員還有一個額外的吸引力：個人魅力，外表和廣泛的媒體矚目。就納達爾而言，自2005年以來，他一直贏得大滿貫冠軍，這確保了他的全球媒體報導及家喻戶曉的地位。雖然他不像費德勒那樣精通6種語言，但他確實會說馬約基語、西班牙語和英語，即便後者帶有些迷人的怪異。西班牙語和英語確保他的訪問在全球多個地區得以接受。他也長得很好看，以某種意義上說是健美的，在場上和場下都是衣架子。過去，他曾為亞曼尼（Emporio Armani）和湯米席爾菲格（Tommy Hilfiger）擔任模特兒（常常脫到只剩內褲）。

　　大多數與他相關的品牌（儘管有內衣），本質上都是相當企業化的。這解釋了為什麼他總是非常謹慎，在採訪或社群媒體上不說任何具爭議的事情。一次的口誤或舉止上的失誤，都可能會在一夕之間失去一份利潤豐厚的合約。合理說來，納達爾的許多媒體記者會都是在冗長中練習「少言」說話的藝術。

上圖：多年來，百寶力對於納達爾的支持給予了豐厚的報酬。

下圖：與贊助商西班牙保險公司曼弗雷合影。

也有很多較小的贊助商，但稱不上是我們所謂的績優股。餅乾、電玩遊戲、健身器材，而且他想必是以一筆很好的交易買到他的Sunreef雙船體遊艇，因為他十分樂於擺好姿勢，為該公司拍攝一些宣傳照片。

雖然一些較大的品牌會要求個人亮相、電視廣告、社群媒體活動、衣服上繡上標誌、團體場合上禮節性的熱情友好，視同為合約協議的一部分，但許多較小的品牌光是稍微接觸到就很開心了，或許是短暫的記者會、幾次的媒體亮相以及在社群媒體頻道上的簡短提及就已感到滿足。

他的社群媒體追蹤人數每年都在增長。在準備這本書時，他在推特

上擁有驚人的1570萬追蹤人數，在臉書上擁有1400萬追蹤人數，在Instagram上擁有1500萬追蹤人數，這些社群管道上的大部分內容都致力於宣傳他的贊助商。

納達爾甚至跨足流行音樂界。2010年，他與哥倫比亞歌手夏奇拉（Shakira）一起拍攝了她的單曲「吉普賽人」（Gypsy）的MV。有英文版和西班牙文版「Gitana」。在西班牙，這首單曲締造了白金銷量，在很大程度上是歸功於納達爾在乾燥炎熱的沙漠中充滿慾望的演出。

MV的開頭是這位比納達爾大9歲的哥倫比亞人，她吹著口琴演奏鄉村音樂風格的序曲，身穿一件黑色綁帶上衣及長裙走向鏡頭。同時，滿身是汗、悶熱的納達爾耐心地等候著，就像一個失戀的少年，穿著牛仔褲和白色T恤，緊緊抓住鐵絲網。

現在，鏡頭切換到躺在地上的兩個拉丁戀人，手牽著手，依偎著擁抱、磨蹭鼻子、耳鬢廝磨著蜜語甜言。突然，納達爾脫掉了上衣，夏奇拉跨坐在他身上，撫摸著他的頭髮。接著哥倫比亞人跳起一段佛朗明哥舞，更多的依偎愛撫，和一段為納達爾跳的獨舞。一切結束在最後的一吻。

雖然這支MV無疑提升了納達爾的形象，特別是在西班牙語圈，但這並不代表著他未來的演藝生涯。此外，網球運動員一旦從職業網球生涯退役，還是會有大量的商業興趣佔據他的時間。

作為一個年輕人，他聲稱自己對累積財富一點興趣都沒有。在堯梅‧普約爾—加塞蘭（Jaume Pujol-Galceran）和馬內爾‧塞納斯（Manel Serras）於2008年出版的《拉斐爾‧納達爾：紅土之王》（Rafael Nadal: Master on Clay）一書中，他述說了他怎麼把所有財務決定交由父親處理。「我不知道我賺了多少

納達爾勝利時間軸

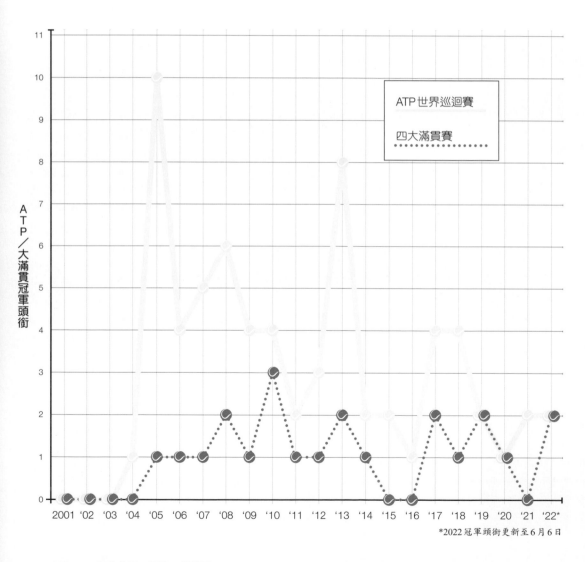

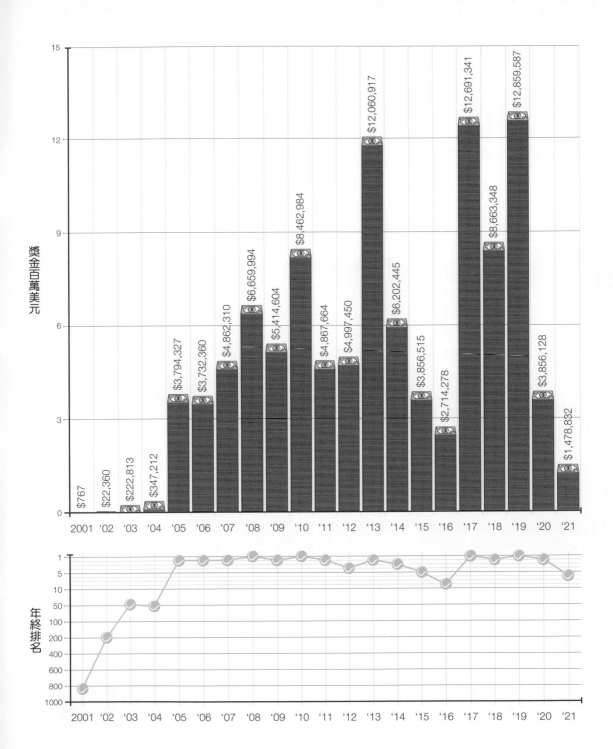

獎金百萬美元

$767
$22,360
$222,813
$347,212
$3,794,327
$3,732,360
$4,862,310
$6,659,994
$5,414,604
$8,462,984
$4,867,664
$4,997,450
$12,060,917
$6,202,445
$3,856,515
$2,714,278
$12,691,341
$8,663,348
$12,859,587
$3,856,128
$1,478,832

2001 '02 '03 '04 '05 '06 '07 '08 '09 '10 '11 '12 '13 '14 '15 '16 '17 '18 '19 '20 '21

年終排名

2001 '02 '03 '04 '05 '06 '07 '08 '09 '10 '11 '12 '13 '14 '15 '16 '17 '18 '19 '20 '21

錢。這並不是說我不在意錢，但我從來不用管錢的事。我只知道，只要打得好，我就不用煩惱錢的問題。」

　　他說，他當時用的便宜手機證明了他對財富的無感。「在所有西班牙球員中，我的手機最醜。因為這支手機，人們常常在巡迴賽中開我玩笑。我只在乎它能用就好。我不需要一個超現代的手機，裡頭有大量我永遠不會使用的功能。有些人只是在海邊喝一瓶可樂就會很開心，這就是我。其他人需要開法拉利或買私人飛機。每個人的想法都不一樣。」不用說，如今他用的手機要昂貴得多。雖然他仍然常常更偏愛搭乘普通飛機（商務艙或頭等艙）而不是私人飛機。

下圖：2013年，與DJ克莉絲朵·羅克斯及電視節目主持人蘿拉·惠特莫在知名酒廠百加得贊助的派對上。

多年來，納達爾和他的家人建立起一個驚人的商業帝國，現今遍佈於整個馬約卡島、西班牙甚至國外。早在他成為職業球員之前，他的父母就已經在馬納科爾及周邊地區經營了數個地方企業。他母親的家族在馬納科爾經營傢俱業，該地區的傢俱業數十年來一直都蓬勃發展。由於納達爾的曾外祖父是一位技藝精湛的木匠，家族企業才開始興盛。納達爾的外祖父曾經告訴他，在1970年，巴利亞利群島一共製造出2000張木床，其中有一半是在他的木作工廠製作的。這可能有點誇大其詞。

　　後來，納達爾的母親安娜瑪麗亞擁有並經營一家香水店，為了專注於她身為母親和家庭主婦的身份，最後選擇放棄了這家店。

　　納達爾的父親塞巴斯蒂安是現今整座島嶼上最成功也最有名的商人之一。據他兒子所說，他被金錢及做生意的快感所支配。他從十幾歲就開始工作，在克里斯托港的海灘度假勝地開了一家酒吧。19歲時，他賣二手車，接著在銀行工作過一小段時間。然後他開始從事玻璃製造及窗戶製造，正當馬約卡島的旅遊業在1980年代初期日漸繁榮，伴隨著建築熱潮，迫切需要玻璃門窗和桌子。幾年後，塞巴斯蒂安和他的兄弟托尼籌措資金直接收購了現在名為Vidres Mallorca的玻璃製造公司，但實際經營者是塞巴斯蒂安，讓托尼有時間指導他的侄子。

　　從那時起，塞巴斯蒂安和托尼的商業版圖蓬勃發展，起初還擴展到房地產。有很長一段時間，托尼拿走了一半的利潤，但幾乎不做任何工作。由於納達爾的網球指導取得非常顯著的進步，兄弟倆對於這樣的情況分配皆很滿意。有一段時間，納達爾與他的父親、他的兩位叔叔米格爾·安赫爾及托尼成立了一家名為「納達爾投資」的公司，專門從事房地產。納達爾所有的贊助協議，一開始也都是由他的父親負責接洽的。

　　後來，當納達爾開始在ATP巡迴賽贏得大量獎金，甚至有更多是來自贊助及產品代言時，他的父親建議這位年輕球員應該付給托尼叔叔一份薪水，做為教學指導費用。托尼立刻打消了這個念頭，他擔心這會破壞他們之間關係的平衡。他很樂意從他的兄弟那邊得到錢，但他絕對不想要他的侄子付錢給他，因為這意味著納達爾是他的雇主。在這段網球關係中，托尼希望將自己定位在老闆的位置。

　　納達爾將他的父親描述為一個努力工作的商人，他克服困難並完成工作。在納達爾自己對網球比賽的態度中，也有著務實嚴肅的勤奮。

如今，塞巴斯蒂安位在一個極度成功的商業帝國之上，擁有房地產、玻璃製造、保險和餐廳的投資組合。但其投資遠遠超出這些領域，也遠遠超出了馬約卡島。他是Mabel Capital的董事之一，這是一家總部位於馬德里的投資管理公司，擁有300多名員工，在西班牙、葡萄牙、英國及美國開展業務。

據報導，納達爾本人擁有該公司33%的股份，其中包括金融、房地產、飯店、體育、媒體和音樂等多方領域的業務。在馬德里、里斯本、太陽海岸、費城和洛杉磯都有住宅和商業地產企業。有一個名為「Earthbar」的營養補充品品牌。有2家連鎖餐廳──一家名為「Tatel」，在馬德里、伊比薩島、萬阿密和比佛利山莊皆有營業場所，與葡萄牙足球明星（和前皇家馬德里球員）克里斯蒂亞諾·羅納度及西班牙歌手安立奎·伊格萊西亞斯（Enrique Iglesias）共同擁有；另一家名為「Zela」。

2010年，納達爾成為他心愛的皇家馬德里足球俱樂部的主要股東。當時，該俱樂部正陷入債務危機，他的投資被視為西甲俱樂部的一條救生索。他的二叔米格爾·安赫爾（對於動蕩的職業足球世界並不陌生）還被任命為助理教練一段時間。

　　另一項納達爾重要的創業是納達爾網球學院（正式全名為：Rafa
Nadal Academy by Movistar）。由托尼叔叔領導，西班牙網球選手卡洛
斯‧莫亞及卡洛斯‧科斯塔（Carlos Costa）分別擔任技術總監和業務負
責人，這家龐大的體育特許經營權總部位於馬納科爾。有游泳池、至少26
個網球場、足球和壁球設施，國際學校、博物館、保健中心和健身中心。
有時候，納達爾會結合他的商業利益，當他收到一輛全新的起亞EV6電動
汽車時，活動就在馬納科爾的納達爾網球學院舉行。在墨西哥城市坎昆和
希臘北部的度假勝地撒尼都有更多的網球中心。提供課程給業餘愛好者和
初嶄露頭角的專業球員。

　　「對我們來說，人文教導和運動訓練同等重要，因此，我們的目標是
讓每位學員都能將努力、謙遜、寬容、耐心、尊重、紀律和承諾這些價值
觀付諸實踐，」納達爾說著他的執教理念。

　　最近以納達爾品牌開設的場所是納達爾科威特網球學院。網校位於科
威特的謝赫‧賈伯‧阿卜杜拉‧賈伯‧沙巴國際網球中心（Sheikh Jaber
Al-Abdullah Al-Jaber Al-Sabah International Tennis Complex），這是中東首

個此類設施，擁有15個網球場、2個壁球場、1個游泳池、1個1500平方公尺的健身中心和1個拳擊場。除了會員俱樂部，還提供網球課程、個人訓練、健身課程、游泳課程及課後活動。

由於納達爾家族的慷慨，透過拉法納達爾基金會（Fundación Rafa Nadal）進行了大量慈善工作。納達爾和他的母親於2008年成立了該慈善機構，致力於透過體育和教育幫助弱勢兒童，目前在西班牙、印度和美國營運各項規劃。他們表示，他們的目標是幫助兒童「以最大限度去發揮他們的潛力，賦予他們自主權，並培養自我提升、尊重和努力等價值觀。」納達爾的母親是總裁、父親是副總裁、妻子是總監。他還關注在家鄉馬約卡島發生的困境。

2018年10月，暴雨及洪水侵襲了聖羅倫格德加爾達薩（town of Llorenc des Cardassar）小鎮，造成13人死亡，數百間房子和商店都遭洪水淹沒，納達爾花了數小時加入志工行列清理該地區。開放納達爾網球學院空間給需要避難的人們，並透過基金會捐贈了100萬歐元。

左上圖：2019年，攝於他在墨西哥坎昆的納達爾網球中心開幕時。

右上圖：納達爾最新的網球學院在科威特。

右下圖：2016年，與羅傑‧費德勒在他的網球學院開幕儀式上。

納達爾大部分的商業活動都可以立刻被辨識出來，這要歸功於他用以行銷的個人標誌──對稱的2道閃電牛角，展現出他如憤怒公牛般的打球風格。

　　世界頂尖網球選手的個人標誌是近年來才出現的現象。費德勒的或許是最容易辨認的──由他姓名2個首字母精細組成的圖案，非常低調且優雅，就像球員本人一樣。當他自信地大步邁進球場時，你會在他穿在網球服外的西裝外套上看見它，那就是最有力的宣傳。

喬科維奇的標誌更複雜。由希臘字母表中的第一個字母、中世紀塞爾維亞語首字母和飛翔之鳥的象徵之混搭，以某種方式組合成他的首字母。

同時，安迪·莫瑞的標誌將他的姓名首字母與數字77結合在一起，這是參自他的體育管理公司，以及他在2013年，成為77年來第一位贏得溫布頓錦標賽男單冠軍的英國人。

在這四個標誌中，納達爾是唯一一個沒有使用名字字首字母的。但這無疑傳遞了他為比賽帶來的活力與力量。

納達爾迅速擴張的商業帝國，加上他在全球的體育成就，讓球員本人承認，他的家族有著某種黑手黨形象（當然是在外人看來）。「納達爾家族的親密關係帶有一些西西里的味道，」約翰·卡林在納達爾的自傳中寫道。「他們生活在一個地中海島嶼上，不僅是一個家庭，他們是一個家族——像是不帶惡意、也沒有槍枝的柯里昂家族（the Corleones）或是黑道家族（the Sopranos）。他們用只有島民說的方言交談；他們對彼此盲目地忠誠，他們在家族內部經營所有生意。」

塞巴斯蒂安經常自誇，說到納達爾家族，家庭忠誠遠比金錢更重要。或許是吧。當整個家族有如此大量的金錢時，這說得倒容易。

所有這些財富自然免不了巨額稅收。不同於其他的網球同儕，納達爾從未被吸引至避稅天堂。在他的同儕中，他在這方面確實有點反常。在本書撰寫之時，在ATP世界排名前25名的同儕中，大部分都已搬遷到沒有所得稅或所得稅率非常低的地區。選擇完全不徵收所得稅的摩納哥的有：諾瓦克·喬科維奇、丹尼爾·梅德韋傑夫、斯特凡諾斯·西西帕斯、亞歷山大·茲維列夫、馬泰奧·貝雷蒂尼、赫伯特·

下圖：2020年，在南非開普敦舉行的一場慈善表演賽。

上圖：納達爾的汽車贊助商起亞定期贈送他新型車款。

胡爾卡奇（Hubert Hurkacz）、菲利克斯‧奧格‧阿里亞辛（Felix Auger-Aliassime）、揚尼克‧辛納（Jannik Sinner）和格里戈爾‧狄米特羅夫（Grigor Dimitrov）。丹尼斯‧沙波瓦洛夫選擇了巴哈馬（Bahama），加埃爾‧孟菲爾斯在瑞士，丹‧埃文斯（Dan Evans）在杜拜，他們全都避開了在自己國內更具懲罰性的稅制。

在西班牙，目前個人所得稅的最高稅率是47%，雖然或許有那麼一點咬緊牙關，但納達爾很樂意支付。「我是西班牙人，我很高興我是，」他最近在一家義大利報紙上接受訪問時說。「當然，當收到稅單時，我就沒那麼高興了。但我很慶幸出生在一個這麼好的國家，這給了我美好的人生。」

2017年，他更詳盡地說明了他的稅務狀況。「在資產管理這方面，或

許搬去另一個條件更有利的國家會更好，但西班牙是我跟家人及朋友同在一起快樂的地方。到另一個國家，我會得到雙倍的金錢，但只剩一半的快樂。金錢買不到幸福。」

納達爾知道，如果他搬到別處，離開他心愛的馬約卡島、他心愛的家人和朋友，他會很痛苦。搬到避稅天堂或許能為他省下數百萬的所得稅，但他的心理狀態會受到影響，進而他的網球生涯也會受到影響。最終，那只會是個表面上的實惠。

> 費德勒之於納達爾，展現出右撇子之於左撇子。經典技術之於超現代。輕盈如貓之於猛力如牛。中歐的沉著與冷靜細緻之於伊比利的蠻幹逞能與激情。高雅的能力之於理直氣壯、吶喊的兇爆。宙斯之於海克力士。持續不懈的天才之於不屈不撓的意志。優美之於毅力。都會美型男之於陽剛肌肉男。一個多國語言的世界公民之於一個毫不掩飾的鄉巴佬。私人噴射機飛行者之於普通飛機乘客。駕駛賓士之於駕駛起亞。

——路易斯・喬・韋爾泰姆《天才之擊》

關鍵之戰

溫布頓網球錦標賽

2008年7月6日

全英俱樂部，倫敦，英國

決賽：拉法・納達爾 vs. 羅傑・費德勒

拉法・納達爾以 6-4、6-4、6-7、6-7、9-7 擊敗羅傑・費德勒

前一年在溫網決賽中敗給羅傑・費德勒的傷痛依然鮮明。所以當納達爾在2008年夏天重返全英俱樂部時，這一次他下定決心要以冠軍結束這一天。雖然那一年他已經三度擊敗費德勒，但所有的勝利都是在紅土。一如既往，一旦來到草地球場，這位瑞士球員的打法風格讓他有著明顯的優勢。但是，在對戰的最後準備階段，沒有人能預料，那一天會是誰贏得心理戰。在這程度的網球比賽中，心理素質往往是最強大的武器。

在那場決定性比賽開始前的幾個小時，納達爾的準備工作和往常沒有多大的不同。週日上午，倫敦南部下著濛濛細雨，他在上午10點半抵達全英俱樂部，與他的經紀人卡洛斯・科斯塔（Carlos Costa）在俱樂部的練習場上進行熱身，但因下雨而中斷。中午吃了簡單的橄欖油義大利麵，再加上一小塊魚，接著他去更衣室洗個冷水澡——他說這個儀式讓他充滿活力。由於一直挾帶著傷勢，他需要在腳上注射止痛劑。他坐在他的置物櫃前，101號櫃，然後將球拍纏上新的握把，再讓他的物理治療師包紮他疼痛的膝蓋。費德勒也在更衣室裡，只相距幾步之遙的第66號櫃。

因下雨造成了冠軍賽的短暫延遲。但最終，兩位球員都緊張地沿著走廊和樓梯走進了中央球場，受到等候多時的觀眾熱情而喧鬧的歡迎。

兩位球員的風格和舉止幾乎是迥然不同。儘管兩個人都是由耐吉贊助，但他們的球衣形成強烈對比。費德勒，永遠的紳士，穿著一件經典的羊毛開襟外套，左胸上繡製他著名的首字母組合圖案，裡頭是一件同樣經典的POLO衫。納達爾穿著一件拉鍊式運動外套，裡頭是緊身無袖背心和及膝短褲。兩人都有戴的同一樣東西是一條寬厚的白色頭帶。費德勒的頭

髮隨性地散落在頭帶上方，而納達爾較長的頭髮則是緊緊地綁在後面。

　　費德勒贏了擲幣並選擇先發球。下午2點35分，在比賽表定開始時間的35分鐘後，瑞士上屆冠軍將第一顆黃色的Slazenger網球拋向空中並用力擊出。球碰觸到網子頂端需重發球。重新第一次發球，費德勒自信的一擊看起來就像是個勝利者，而納達爾只是設法將球擊回。然後，這可說是大滿貫決賽中最不尋常的第一分了，緊接著是一次14拍的來回對抽，納達爾最終以一記深遠的正拍將球打至費德勒無法觸及的對角最左邊位置，贏得這一分。這只是整場比賽412分中的第一分，但它已預告了隨之而來的會是一場史詩級的比賽。

　　後來，許多網球專家認為，這不僅是溫布頓錦標賽144年歷史中最偉大的一場決賽，而且也是有史以來最偉大的一場網球比賽。

下圖：雖然他們都是由耐吉贊助，但兩名球員的風格形成了鮮明的對比。

就像所有最精彩的比賽一樣，它來回拉鋸，戲弄著觀眾（兩名對手皆竭盡全力），一次又一次地暗示誰可能會全面獲勝。

納達爾後來透露，他以一個非常簡單的戰術開啟比賽：持續向費德勒的反拍施壓，希望「耗盡他的耐性，打亂他從容的節奏，阻撓他，盡可能讓他喪失信心」。這個策略，起碼在最初的2盤中，效果極佳。他只用了48分鐘就以6-4率先拿下第一盤；第二盤也有同樣的優勢，雖然一度以局數4-1的比分落後。馬約卡島人的戰術其中包括極其緩慢的發球動作。賽後分析顯示，由於他所有的慣性動作和儀式，他每一次發球的平均時間為30秒。費德勒難以忍受，在第二盤中，許多次的發球時間甚至更久。主審帕斯卡．馬利亞（Pascal Maria）最終失去耐性，給了納達爾一次時間違規（time violation）。

為了扭轉局勢，上屆冠軍需要靠自己打亂一點節奏。這似乎發生在第三盤的第三局比賽中，納達爾在改變方向時笨拙地滑倒了。幸運的是，防護員麥可．諾沃特尼（Michael Novotny）治療了他的右膝，並重新恢復比賽。

實際上，最終是天氣打亂了納達爾的節奏。隨著烏雲密布，當費德勒以5-4領先時，開始下起大雨，球員們被帶離了球場。在10年後發行的一部紀錄片中，費德勒將這場雨視為氣勢的轉變，以及擺脫某種已然悄悄潛入的昏睡狀態的關鍵。「我花了2盤的時間才擺脫它，我相信下雨的延遲可能把我喚醒了。我說：『如果你就要輸掉這場比賽了，至少你要奮戰到最後一刻。』」

當比賽在一個多小時後重新開始，球員們堅持到進入搶七，費德勒佔據了上風。藉由一些極快的發球和正手拍，這位瑞士大師以一記ACE球結束了搶七，以7-5拿下，贏得了他在這場比賽中的第一盤。

下一盤比賽也延續著類似路線，但這次的搶七更為驚險。費德勒必須救下2個冠軍點，然後才將比分扳回2盤平手局面。許多人將這場第四盤搶七決勝局與最偉大的搶七大戰相比——1980年溫網的比昂．博格和約翰．馬克安諾之間的對決。

晚上7點53分，第五盤來到局數2-2平局，40-40平手之下，雨再次粗暴地打斷比賽。許多人擔心球員可能必須等到第二天才能結束這場對決。但半小時後，隨著天色漸暗，他們又重新開始比賽了。

這場比賽的結局將永遠被銘記在體育史上。如果第一次的因雨中斷幫助了費德勒，那麼第二次則是對納達爾更有利。比賽到了雙方7局平手，在關鍵時刻，他破了費德勒的發球局。場上有一半的人群大喊「羅傑！羅傑！」在他們極大的聲音中，有另一半的人大喊著「拉法！拉法！」在最後的能量爆發中，後者贏得冠軍——這是整場比賽中他的第四個冠軍點——最後以9-7的比分獲勝。

　　費德勒不小心把球回得過低，球依然還在網底下滾動著，納達爾已倒在草地上，像往常一樣仰躺著，雙臂大開。最後，他擊敗了他的溫網對手。在歷經4小時又48分鐘（當時創下了溫網單打決賽的最長紀錄）之後，兩名球員都已身心俱疲。許多觀眾歇斯底里地歡呼著，但也都疲憊不已。那時是晚上9點16分，任誰也沒想到，他們會在中央球場待到這麼晚。

　　納達爾緩慢而疲憊地爬上球員包廂，他的家人、朋友們都在那裡等候著，其中包括他的父母、叔叔、阿姨、朋友們，職業高爾夫球選手岡薩洛‧費爾南德斯—卡斯塔尼奧（Gonzalo Fernandez-Castaño）和皇家馬德里足球俱樂部的老闆，在擁抱他們之後，他手持西班牙國旗，穿越播報包廂的平台，來到皇家包廂，西班牙的王儲菲利普六世和萊蒂西亞王妃也在等待著祝賀他。

　　頒獎典禮在無數相機與手機閃爍的暮色中舉行之後，納達爾在賽後的記者會上試圖總結自己的情緒。「實在是難以形容，對吧？我不知道，我只是非常開心。在溫布頓贏得冠軍對我來說是難以置信的。這大概是，嗯，這是一個夢。當我還是個孩子的時候，我一直夢想在這裡打球。但是得到勝利，這真是不可思議，不是嗎？」

　　獲勝的西班牙人隨後迅速回到他在特斯特德路租的屋子，大約在全英俱樂部向西100公尺左右的位置，換上晚宴西裝，然後匆匆趕至市中心的冠軍晚宴。直到次日凌晨4點，他才回家休息。然而，當他就寢時，他帶著人生第一次溫網冠軍的喜悅入眠。

"
拉裴爾有樣東西是羅
傑沒有的：膽。我甚
至不覺得拉裴爾有兩
個。我認為他有三
個。
"

——馬茨・韋蘭德

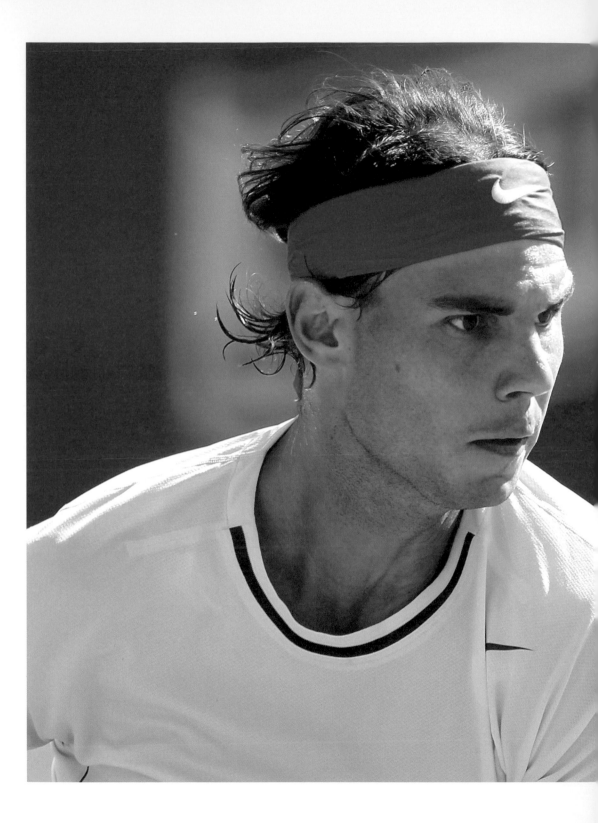

憤怒的
公牛

目前在ATP巡迴賽上各顯身手的所有頂尖球員中，納達爾擁有最獨樹一幟、最具侵略性和體能上最令人生畏的比賽風格之一。在此，我們拆解各個元素，分析是什麼使它如此有成效。

正拍

納達爾在正手拍上使用的握拍方式是所謂的半西式握法（semi-western grip），因此，當他向上擊球時，球拍的正面會與地面呈傾斜。拍頭會開始於他的身體前方，接著揮過他臉的左側，然後繞向他的身體後方，重心放低。為了擊出如此強力的上旋球，他讓他的整個身體像一根巨大的鞭子一樣，依序展開每個部位——腿、臀部、腹部、肩膀、手臂、手腕——以增加球的每分鐘轉數（RPM）。球拍頭向前，越過他的身體前側，擊球——此時他的整個肢體大開——然後揮過他的身體後方，最後停止在他的左肩處。

他的正手拍更為眾所皆知的版本（就是能夠打出極強勁上旋球的），所謂的套索（lasso）或馬鞭（buggy whip）。納達爾和他的教練曾經稱之為「納達爾轉」（the Nadalada）。這個動作的準備工作與上述相同，但球拍擊球後的動作要高得多。事實上，在擊球後，球向上揮動，越過他的頭頂，繞過他整個頭部，掠過他的顴骨，最後球拍頭直接指向他的身後。這看起來是很驚人的一擊——幾乎就像他正揮舞著繩套索一樣——而且幾乎是扭轉了他的旋轉肌群（rotator cuff）和手肘，超出了你所認知的物理上的可能。

每次擊球時，他賦予球的精確轉速變化很大。有些人估計它遠超過於3000轉（RPM），有些人甚至估計得更高。這取決於天氣條件、球場性質（例如，當他不在紅土時，他的正拍擊球較平）等因素，還有他

左圖：2021年，在法網展現出他標誌性的套索正拍。

想把球打得多深，以及他需要多長時間準備回擊。

　　一位網球教練深入分析這個正拍。位在舊金山的約翰‧楊德爾（John Yandell）利用高速攝影機計算了納達爾以套索正拍（lasso forehand）強勁擊球的平均轉速。「我們測量到納達爾一次正拍上旋球速度為4900轉。」他在接受《紐約時報》採訪時說。「他的平均轉速是3200轉。稍微想一下，這有點可怕。球在球員的球拍之間移動大約需要一秒鐘。也就是說，納達爾的正拍擊球在抵達（他對手）球拍的那一秒內就會旋轉80次。」

　　納達爾設法將他的正拍變成攻擊武器的方式非常有效，特別是在紅土球場上。極端的上旋意味著他可以更用力的擊球，使球速更快，但仍然在底線內迴轉。然後，當球擊中球場地面時，上旋轉動會讓球突然猛烈地彈跳起來，如果對手沒有立刻回擊，球會彈跳高過於他們的頭頂，這意味著他們幾乎沒有時間準備或執行回擊。

納達爾是這麼描述的：「我試著把球打深，然後它會彈得很高。它會迫使我的對手進到場中，但會有風險；不然他就必須在底線後3公尺處擊球。所以要嘛就是防守，要嘛就是冒險進攻。」

納達爾的一位擊球夥伴曾經將這種正拍回擊描述為「就像你要折斷你的手臂一樣。」在接受《紐約時報》採訪時，美國教練羅伯特·蘭斯多普（Robert Lansdorp）解釋了納達爾套索正手拍的功效：「他可以在任何位置、幾乎是任何球上都做到這一點，並打出致勝球。他可以打出斜線球、直線球，無論他想要打向哪裡。而且他很可能從10歲就開始這麼做了。感謝老天爺，沒有人改變這一點或者跟他說，『嘿，這不是打正拍的方式』。」

左圖和右圖：
經測量，在極端情況下納達爾的正拍上旋球轉速可達到每分鐘4,900轉（rpm）。

反拍

通常，納達爾更喜歡反拍上旋。用雙手（右手引導擊球，左手施予力量）從身體前方開始揮拍，接著立即將拍轉到身後，幾乎與地面平行，藉著雙腿將力量往上帶，接著以極快的速度向前擊出他身體前方的球。隨球

收拍動作，仍然是雙手持拍，一直繞到他的身體後方為止，幾乎遠及他的右肩。

反拍切球也是非常有效的。他只用左手擊球，以此來改變回擊的路徑，或者擊出一個短球，這樣他就能攻擊網前的地帶，或者，他可以放出一個致命的小球。

發球

在早期，納達爾的發球是他的武器庫中最弱的一環，通常都比他的對手慢。他也承認這一點。當你想到他如何掌握他的多方面慣用手時，這也就不足為奇了。但隨著他職業生涯的發展，ACE球和發球致勝球越來越

上圖：2021年，納達爾在法網展示他的反拍擊球收拍動作。

常見，發球已經成為一項武器。他的一發（通常是帶側旋的發球，特別是在左側區，但有時會有點平坦）現在經常達到遠高於時速120英里/小時（mph）的速度。他在ATP巡迴賽的整個職業生涯中，發出超過3850記ACE球（在硬地大約2270記，在紅土有980記，在草地幾乎有600記）。

他的二發，無論是上旋還是側旋球，都更慢更穩。2019年的一項ATP研究測出它的平均時速為96.4英里／小時，略高於喬科維奇和費德勒的。有趣的是，在同一項研究中，納達爾的二發成功率高於當年世界排名前10的其他任何球員──再次領先於喬科維奇和費德勒。

作為一名左打者，納達爾的發球在優勢邊（他所看向的右手邊場地）與右打者打球時特別有效。因為它發向外角，遠遠超出邊線，將對手拉出位置。如果他在發球上施加強力上旋，可以確保球會高彈跳，使右手持拍者的回擊變得更加棘手。費德勒多年來一直都在奮力對抗納達爾的發球。

在準備發球時，納達爾用的是一種稱為墊步式站位（pinpoint stance）的發球姿勢，當他將球拍揮到身後時，他的後腳向前腳靠攏。

前法網決賽選手亞歷克斯・科雷查（Alex Corretja）最近分析了納達爾的發球，解釋現階段和他職業生涯早期的發球有何不同。關鍵在於，納達爾在準備發球動作時並沒有像以前那麼的彎曲膝蓋，而是採取更直立的站位。這讓他在發球後可以很快回到準備位置，為接下來的回擊做好準備。他還在發球時把球拍揮得更高，在擊球時張開手腕，讓發球速度更快。

ATP巡迴賽的克雷格・奧沙尼西（Craig O'Shannessy）非常詳細地分析了納達爾的發球。以下是他在2019年賽季的一些發現：在發球局開始時，大多數的一發（62%）會發到中線，而25%是發到外角，只有13%的發球是發向對手身體。「這邊的想法是從他最熟悉的右腳開局，然後盡可能取得多次的15-0。」奧沙尼西說。

在15-15平手時，情況也是類似，有51%的一發是落在中線位置，36%在外角，13%在身體。但是，如果他處於30-0領先狀態，他會給自己一點喘息的空間，容許自己發揮更多的創造力，將他大部分的發球（52%）都發到外角，42%的發球在中線，而往身體的發球只有6%。反之，如果他正處於30-0落後，他必須更為謹慎，49%發向外角、30%在中線和15%在身體。

身體和心理的比賽

　　納達爾基本上是透過碾壓對手並等待正確時機點給予致命一擊而獲勝。「我的比賽是打來回對抽，」他曾經說道。「我不想打發球後上網（serve-and-volley），或發球一拍致勝，或是ACE球。每個人都知道這一點。我的比賽就是打得強勁、打出好節奏，盡量把時間拉長而不失誤。」

為了讓這種消耗性的網球打法發揮作用，他需要驚人的移動速度和戰術性的全場覆蓋，他已經將這些變成某種令人目眩神迷的藝術形式了。

但是若沒有心智強度的支持，體能上的比賽就什麼都不是。喬科維奇對他的對手所擁有的這種組合非常讚賞。「拉斐爾是巡迴賽中身體最強壯的球員，」他曾經說過，「而在精神上，他擁有難以置信的專注力，無論是在溫網決賽還是小型錦標賽的首輪，打從比賽開始的第一分到最後一分他都保持專注。」

前法國台維斯盃隊長蓋·弗爾蓋特（Guy Forget）解釋得更好。「納達爾真的是一股洪荒之力。他擁有做任何事情的心智強度。即使他遇到困難，即使他的腳上起了水泡，他也會設法控制住。他是防守的怪物。你以為你已經贏下這一分；他又回到贊助商的廣告看板前，在底線後方5公尺遠，接著他成功打出一記穿越球，每個人都在想他究竟是怎麼辦到的。」

吼叫聲

納達爾肯定不是第一個在擊球時大聲吼叫的球員，他也不會是最後一個。從1970年代的吉米·康諾斯，到1990年代的莫妮卡·莎莉絲，再到近期的大小威廉斯姐妹、瑪麗亞·莎拉波娃（Maria Sharapova）、維多利亞·阿薩蓮卡（Victoria Azarenka）（外號：尖叫維卡），安迪·莫瑞和諾

左圖：2019年法網，全場覆蓋式的快速跑動。

右圖：2017年，納達爾在法網場上的迅速反應。

有些人對我的比賽感到非常困惑。他們認為如果場上節奏慢一點會更好，因為我的防守很好。但其實速度越快，對我越有利。我的旋轉會造成對手更大的殺傷力，我的侵略性打法效果更好。

——拉法・納達爾

瓦克‧喬科維奇，許多球員在網球場上都充斥著響亮的吼叫聲或尖叫聲。相形之下，納達爾顯得安靜多了。

但他明智的作法是不去改變這個習慣。專家建議，在擊球時發出吼叫聲可以為每次擊球增加一點額外的力量。它賦予球員在球場上特別的明確表態。著名的美國教練尼克‧波利泰尼（Nick Bollettieri）聲稱，吼叫聲可以讓球員「釋放心理上和生理上的緊張感」。還有其他好處，當一名球員擊球時，對手會同時利用球拍擊中球的聲音來衡量擊向他的速度和深度。吼叫聲會掩蓋掉這個聲音，因此會使對手處於些微劣勢中。

納達爾的球拍

納達爾從8歲起就開始使用百寶力的網球拍。多年來，他對各種拍型做了微調。在年少時，他喜歡輕一點的Soft Drive系列，後來發展到Pure Drive系列。然後在2004年，他開始使用新的Aero系列球拍。「它是專門為旋轉而設計的，」該公司聲稱。「具有空氣動力性能以增加拍頭速度，讓球在每分鐘轉速更高，證明它非常適合納達爾即將用來征服網球世界的強勁上旋比賽。」

球拍線在納達爾上旋打法的比賽中也扮演著重要角色。雖然在他的職業生涯中，他有時喜歡用Luxilon Big Banger網球線，但在2009年底，他開始使用八角（而不是更常見的圓柱形的）線，稱為百寶力黑八角硬線（Babolat RPM Blast）。「它採用矽膠護套，可以有效咬球產生更好的彈

跳及旋轉，」製造商解釋。「當納達爾同意測試黑八角硬線時，每個人都屏息以待。大約15分鐘後，他說出了意見：『還不錯。』然後，就在幾天後，他的教練托尼·納達爾留言給比賽部門：『這個線真的很好。我們需要更多！』」

左圖：納達爾的球拍在重新穿線。

2011年，當他開始進一步調整場上的底線擊球站位（比他過去打球時更接近於底線），他要求百寶力在球拍拍頭頂部增加額外的重量，藉此在擊球時創出更快的拍頭速度。「百寶力的定製團隊致力於在他的拍框頂部添加一條重量帶，以增加擊球力道。」百寶力解釋。「這進行了3克的加重——相對而言，這是很大幅度的增加。」到了2016年，又在拍框頂部加重了2克。

上圖：像所有職業球員一樣，納達爾改造他的球拍，要求特定的線材、規格、樣式和張力；增加重量以改變擊球的平衡和速度；並改變手把和握柄。

納達爾使用的Aero系列最新版本稱為百寶力Pure Aero納達爾專用款（Babolat Pure Aero RAFA）。吉翁·康邦（Guillaume Cambon）是百寶力旗下一名研發拍框的技術人員，他聲稱：「除了拍頭頂部這些重量帶

之外，他的球拍幾乎沒有什麼特別的定製，」尚—克里斯多夫・維爾伯格（Jean-Christophe Verborg）是百寶力的競賽行銷總監，他說，他的客戶在每一季會收到一批6至8支的新球拍。

重要的是要指出，幾乎沒有一個排名較高的職業球員使用跟市面上人人皆可買到的相同型號球拍。幾乎所有人都會以某種方式特別定製。沒有一個極其頂尖的球員會想到從網路上或從體育用品店購買新的球拍，然後帶著它直接踏上球場。就像賽車一樣，各個方面都需要微調至完美。還有一些球員甚至會在贊助商的支持下使用不同品牌的球拍。（不過，沒有任何跡象顯示納達爾有這麼做。）

拍線是第一個受到關注的領域。幾乎在世界上的每個國家（出於某種奇特的原因，英國除外）的球拍都是以未穿線出售的，因此，球員可以選擇自己的穿線形式。在頂尖的職業選手中，這是一項非常複雜的事，需要經驗豐富的球拍穿線師，他們會用特定的材質、規格、模式和張力為球員的球拍穿線。

大多數球員還使用鉛條來改變球拍的重量、平衡和拍頭速度，將它黏在拍框上，就像納達爾一樣。有些人甚至會打開球拍手柄的底蓋，在裡面插入鉛、矽膠或人工樹脂以增加額外的重量。

手柄本身通常跟你在商店看到的球拍手柄不同。許多職業球員對手柄的要求非常嚴謹，以至於他們要求他們的球拍技術人員改變手柄上斜面的比例，甚至在某些情況下更改手柄的長度。

那麼，納達爾上戰場的武器究竟是什麼呢？這取決你相信誰了。百寶力堅稱他使用的是百寶力Pure Aero納達爾專用款。但多數專家認為他實際上使用的是更重、更緊的型號，稱為百寶力AeroPro Drive Original。

強納森・哈德森（Jonathan Hudson）是數位網球雜誌perfect-tennis.com的編輯。根據他的分析，納達爾目前使用的型號是27英寸長，拍頭尺寸為100平方英寸，穿線後重量為343克（比費德勒和喬科納奇的都輕），穿線方式為16X19，握把尺寸為4.25英寸（也稱L2），以百寶力黑色底層握把布（Babolat Syntec Pro Black grip）和百寶力薄型白色外層握把布（Babolat VS original white overgrip）纏繞覆蓋。

納達爾對於握把尺寸的選擇相當小，特別是考量到他的手其實並不小。但球員本人談到，這讓他可以打出更多的上旋球。「我喜歡尺寸較

右圖：有鑑於他的手很大，納達爾喜歡尺寸相對較小的握把，可以產生更多的上旋。

小的握把，因為可以更加靈活的控制我的手，」他在接受GQ雜誌採訪時說。「比起握把尺寸較大的球拍，這能讓球產生更多的旋轉。」

哈德森說納達爾目前使用的百寶力黑八角硬線規格是15L /1.35mm，通常以每平方英寸55磅的磅數拉線。「在2016年初，納達爾有短暫改用Luxilon Big Banger Original 130網球線以獲得更多力量，」他補充道。「雖然拍線確實增加更多的力量，但納達爾覺得因為線容易移動（間距變得更大），他的控制力有所下滑，所以沒過多久，他又重新用回百寶力黑八角硬線了。」有趣的是，你永遠不會看到納達爾沮喪地摔或砸球拍。「因為我從小就被教導不能這樣做，」他曾經說過。「錯的是我，不是球拍。」

堯梅・普約爾—加塞蘭和馬內爾・塞納斯是《拉斐爾・納達爾：紅土之王》一書的西班牙作者，他們分析了納達爾的自律。「納達爾從來不曾憤怒摔拍，」他們寫道。「他從不說任何不合時宜的話，也從不曾對對手做出不得體的手勢。他在球場上總是表現出尊重。的確，他會多次跳躍、比劃、揮舞拳頭，但從不嘲弄對手，只是在跟他的家人和朋友們交流。托尼教他在每場比賽後要禮貌地祝賀他的對手，無論結果是輸還是贏。這是他在巡迴賽中從未失去的正確性。」

納達爾的支持團隊

27年來，納達爾和托尼叔叔，他們一直是網球界最著名的雙人組之一，總是形影不離。若少了彼此會怎樣呢？

而他們的關係最終變成了一種又愛又恨的情感。納達爾總是對他的叔叔深感尊敬，近乎崇拜。小時候，他相信托尼充滿著超人的神力。托尼告訴年輕的納達爾，他贏得環法自行車賽冠軍，曾經在 AC 米蘭踢過中鋒，而且他有超能力，可以隨意讓天下雨。納達爾為他的叔叔取了個綽號叫魔術師（Mago）。

但同時，納達爾常常形容他的叔叔「脾氣暴躁」和「喜歡吵架」。托尼的一些執教手段近乎殘酷。例如：叔侄兩人進行對打，最先贏得 20 分的人獲勝。托尼會先讓納達爾贏得 19 分，然後再加緊腳步翻轉比賽，以 20 分比 19 分將他打爆。

托尼年輕時打的是全國性網球，而不是國際級網球，他對於應該如何教養孩子有強烈的看法，拒絕以任何方式縱容他們。

托尼在 2017 年辭去納達爾教練一職。這兩個所謂形影不離的人最終分道揚鑣的故事非常奇特。當托尼出乎意料地宣布他決定停止與侄子的合作時，義大利記者羅倫佐·卡扎尼加（Lorenzo Cazzaniga）正好跟托尼在一起。

「2017 年 2 月，我在布達佩斯採訪一名韓國網球選手，」卡扎尼加回憶著。「正好托尼·納達爾也在布達佩斯參加網球教練會議，所以我也藉此機會採訪了他。」就在他們談話間的某個時刻，托尼丟出一顆重磅彈。他告訴卡扎尼加，從明年起，他將停止執教納達爾，開始在納達爾網球學

左下圖：納達爾和他的叔叔托尼以球員和教練的身分一起合作了 27 年——這對形影不離的二人組。

右下圖：2017 年，托尼在法網捧著納達爾的獎盃。

院工作。

「我說，『等等！你知道我們正在錄音嗎？』」卡扎尼加回憶道。「托尼說，『是的，我知道』，彷彿在27年後與侄子分道揚鑣是世上最尋常的事。我跟他確認了3次，他是否想讓所有人都知道這件事，他確認沒錯。」

合乎常理地，卡扎尼加認為納達爾已經很清楚托尼的決定，於是他立刻在他的網站TennisItaliano.it.上發表了這個報導。以下是那次採訪中托尼所言的翻譯：

「拉法和我從來沒有為任何事情爭論過。在他17歲之前，一切都是由我決定。然後經紀人卡洛斯‧科斯塔（Carlos Costa）出現了，他的父親也和他越來越親近，而每個人都有自己的看法。但事實是，隨著一年一年過去，我能做的決定越來越少，直到有一天，我再也無法決定任何事情了。」

次日，全世界的媒體都在報導這件事。《紐約時報》、《國家報》（El Pais）、《隊報》（L'Equipe）和全球其他主要報紙和網站上都有重要文章。

但結果證明，納達爾根本不知道他的叔叔打算結束這段關係。突然，卡扎尼加接到納達爾的公關主管來電，要求聽聽托尼採訪的原始錄音。卡扎尼加解釋了他是如何假設納達爾和托尼已經就分手達成一致協定，而他並無意投下這樣一顆重磅彈。

即使到了現在，卡扎尼加仍然無法理解，為什麼托尼決定在尚未知會他侄子之前就告訴他這個消息。「也許他認為納達爾想結束這段教練關係，但覺得他無法開除他的叔叔。畢竟，他從4歲開始就和他在一起了。所以，或許托尼決定保護他的侄子免於自己做出這個決定。就本質上而言，我認為他自己先說出離開，於是，納達爾就不必這麼做了。」

托尼不在了，而今納達爾的主要教練是卡洛斯‧莫亞。自從他轉為職業球員以來，一直與他一起練習的一位馬約卡朋友。他本人在1990年代和2000年代就是一位極具天賦的球員。1998年，他贏得了法網公開賽冠軍，一年後，他登上了人人嚮往的世界排名第1。除了法網，他還在ATP巡迴賽中贏得了19座單打冠軍，其中包括3個大師賽。

納達爾的助理教練是弗蘭西斯‧羅伊格（Francis Roig），多年來他在托尼之下擔任著這個角色。羅伊格在1980年代和1990年代是一名非常有

技巧的球員，世界雙打排名23，單打排名60。

　　多年來，在托尼的管理體制下，透過強大的全球體育及娛樂經紀公司IMG，卡洛斯·科斯塔一直是納達爾的經紀人。而今，科斯塔仍然代表著納達爾，取而代之的是以一名獨立經紀人的身分，想必為納達爾家族省下一筆不小的代理費。

　　自托尼時代留下的另外2名團隊中的重要成員是他的醫生安吉爾·魯伊斯·科托羅（Angel Ruiz Cotorro）（他從納達爾14歲起就一直治療他）和他的公關主管貝尼托·培瑞茲·巴瓦迪約（Benito Pérez Barbadillo）（「無禮的、機靈的、總愛開玩笑」）。還有體能教練瓊安·弗爾卡德斯（Joan Forcades），雖然隨著他職業生涯的結束，納達爾越來越少尋求他的協助。

　　然而，團隊中有一位成員，他或許比其他所有人加起來都來得更重要，那就是納達爾的物理治療師拉斐爾·馬伊莫（Rafael Maymó），也就是大家熟悉的提丁（Titín）。馬伊莫負責的不僅僅是納達爾的身體方面，你可以把他形容為一個非常珍貴的無價之寶，集物理治療師、心理師、心腹、得力助手和傾訴的對象於一身。隨著納達爾職業生涯的逐漸結束，最需要關注的不是他的比賽技術和戰術，而是他的身心健康。而馬伊莫充分地兼顧兩者。

　　卡扎尼加描述了提丁的角色：「他對於納達爾的職業生涯非常重要。身為他最好的朋友之一，他是唯一一個在他整個職業生涯以及所有比賽中一直陪伴在他身邊的人。有時候托尼可能無法趕上某個比賽；有時候卡洛斯·莫亞也做不到。但馬伊莫永遠都在。他比任何人都了解納達爾，甚至勝過托尼。當納達爾有個人問題時，他不會去找托尼，他會去找馬伊莫。甚至當納達爾的父親需要知道一些關於納達爾的事情時，他也會去找馬伊莫，而不是托尼。馬伊莫對納達爾的了解甚至勝過他的妻子。」

　　納達爾本人證實了他們兩人之間的這種親密性。「若提丁離開我的團隊，我會很孤獨，」他在自傳中解釋道。「如果他去別的地方，他所留下的友誼空缺幾乎是不可能填補的。他不但是一個非常好的人，而且他始終如一的誠實。如果他需要跟你說些什麼，他會直接告訴你。」

納達爾的健身計劃

納達爾在球場上和健身房訓練細節都被嚴格保密。正如《華爾街日報》曾經說明過的:「納達爾的團隊認為透露可能有利於他的競爭對手的機密資訊沒有任何好處可言。」

然而,很顯然,多年來納達爾一直在努力鍛鍊肌肉,為了能在球場上激烈對戰。只需要看看他結實有力的身材就可以確認這一點。

「在我16、17歲時,我使用了一種滑輪機械裝置,那是用來幫助太空人在失重狀態下抵禦萎縮肌肉的,」他曾經透露。「我鍛鍊了手臂和腿部的肌肉,尤其是手臂,為了要增加速度。這就是我能夠在比賽中打出比任何其他球員更多旋轉上旋球的主要原因。」

上旋球對納達爾的左手臂造成了沉重的耗損,尤其是左肩的旋轉肌群。出於這個原因,納達爾很努力在鍛鍊,以保持他身體的這個特定部位能夠良好運作。

他聲稱,自己做的跑步訓練比其他頂尖男選手要少得多,因為他意識到過多的訓練會增加他那已經飽受折磨的身體的壓力。在過去,他的健身教練曾經說過,他所做的大部分跑步練習都涉及短距衝刺訓練,以做好準備因應在全場速度和方向性激烈的變動。

在游泳池裡訓練,對他的肌肉和關節的影響較小,同時也是他的最愛。有一種稱為BOSU板(或稱平衡板)的健身設備有助於步法和平衡。

上圖左:2014年,納達爾的支持團隊在場上觀看巴塞隆納公開賽。上排(由左至右)是耐吉的喬迪·羅伯特(Tuts)、他的父親塞巴斯蒂安和他的經紀人卡洛斯·科斯塔。下排(由左至右)是助理教練弗蘭西斯·羅伊格、他的物理治療師拉斐爾·馬伊莫及托尼叔叔。

上圖右:昔日與卡洛斯·莫亞合影,在這個馬約卡的朋友成為他的教練之前。

每次運動前後總會有大量的伸展。像許多網球運動員一樣，納達爾在劇烈訓練（特別是比賽）後，會利用冰浴（ice baths）來減輕炎症並為下一輪的肆虐做好準備。

納達爾的傷病

侵略性的網球會對球員的身體造成沉重傷害。納達爾付出的代價幾乎超越了所有他的同儕。（相對而言，你可以看見在他所有令人眼花繚亂的榮耀背後，正是他職業生涯的整個傷病史。）他爆猛的體能，幾乎是暴力

左上圖：2021年法網，納達爾與物理治療師、心腹和密友拉斐爾·馬伊莫。

右上圖：慶祝2005年在加拿大的勝利。

左下圖：2017年，在法網賽前熱身。

傷病史

有鑑於他在球場上承受的身體壓力，納達爾常常因傷缺陣並不令人意外。

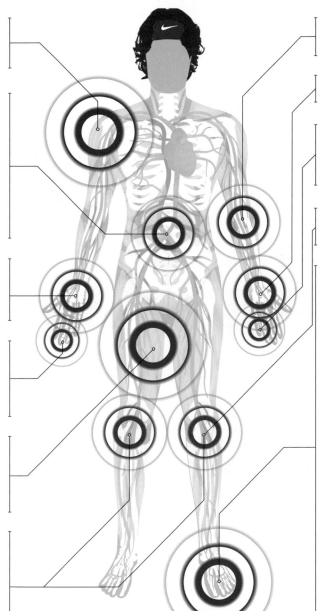

2010
肩膀—受傷迫使他退出巴黎大師賽。

2014
背部—幹細胞治療修復背部軟骨。

2021
背痛—迫使他在澳網改變發球動作。

2014
右手腕—後尺骨肌腱斷裂。

2019
手指—納達爾在指甲感染後，在蒙地卡羅大師賽用「睡著的手指」打球。

2011
右腿—在澳網與大衛‧費雷爾比賽時大腿內收肌撕裂。

2009/12/14
膝蓋—肌腱炎，很大程度上是由於左腳疼痛需要穿矯形鞋而引起的。

2003
手肘—在馬納科爾練習時受傷。

2016
左手腕—肌腱撕裂。

2000
左手指、左手—他在手指骨折的情況下，贏得西班牙14歲以下青少年錦標賽冠軍。

2012/13
左膝—霍法氏症候群。

2004
左腳—在雅典奧運前髮絲狀骨折。

2005
左腳—「科勒氏症的腳」持續存在，這是一種骨頭在嬰兒時期不能正常骨化的情況，主要透過穿專門訂製的鞋子來解決。

2021
左腳—針對他在賽季末受的傷，於九月進行矯正手術。

2022
穆勒‧魏斯氏症，一種罕見的退化性疾病，會影響蹠骨舟狀骨，導致慢性疼痛。納達爾於2005年首次確診。

式的比賽風格——猛撲、扭轉，在球場上衝刺，突然急踩剎車和改變方向——都對他可憐的身體造成了難以想像的壓力。他的職業生涯能堅持這麼久真是一個奇蹟。

早在2000年代初，球員同儕安德烈‧阿格西就曾預警身體上的問題很快就會出現。「納達爾一直在開出支票，只能希望自己的身體能夠償付。」他說。「他每一分盡全力打，你只能希望他保持健康，但勢必會有很多的耗損。一個長久的職業生涯不僅取決於他能做什麼，還取決於他的健康。」

所有職業網球選手都注定會在某個時候遭受傷病之苦。比較勤奮的選手每年參加多達30場賽事，每週都在擊打、碰撞、大量消耗他們的身體。誠然，他們可以尋求世界上一些最優秀的物理治療師的協助，但在如此操勞過度的耗損之下，最終有些東西總得要妥協。

對於納達爾來說，他的第一個重大傷勢是左腳。一切都始於2004年，當時的應力性骨折迫使他錯過了大部分的紅土賽季，包括法網。第二年，同一隻腳又再次復發，而這一次傷勢要嚴重許多。納達爾的醫生安吉爾‧科托羅無法做出一個完善的診斷，於是他諮詢了馬德里的專家。結果是，納達爾患有先天性足部病症，原因是足部的一小塊骨頭（跗骨舟狀骨）在他童年時期未能正常骨化。打了這麼多年的網球之後，骨頭變形了，變大了，有碎裂的危險，因此是極度疼痛。

隨後納達爾得到了最壞的消息：專家告訴他，他有可能再也不能打網球比賽了。納達爾不禁痛哭，他覺得自己的生命好像被砍掉了一半。

幸運的是，納達爾的家人一如既往地團結給予支持。托尼鼓勵他的侄子繼續訓練，就算他必須要坐在椅子上或拄著拐杖打球。而納達爾的父親仍然樂觀地認為他們總會找到解決的辦法。

最終，在馬德里專家的指引下，納達爾的鞋款贊助商耐吉成功地製造出一款鞋底附有特殊緩衝墊以保護受損骨骼的鞋。為了適應新鞋，他必須無止盡地修正調整他的打球方式。但幸運的是，它最終奏效了。雖然還是會疼痛，但可以忍受。「我們必須讓自己有能力對抗，」他後來解釋道。「因為除了對抗，沒有別的辦法了。」

這整個經歷讓納達爾對於他的職業生涯有了新的體認。在瀕臨失去他心愛的志業之後，從那時起，他決定將每一場比賽都視為他的最後一場

左上圖：
2019年，納達爾帶著膝傷打印第安泉大師賽。

右上圖：
2019年，納達爾與他的醫生安吉爾‧魯伊斯‧科托羅於溫網。

左下圖：
2019年澳網，因腳傷鍛羽而歸。

右下圖：
2010年溫網，承受手肘受傷的痛苦。

比賽。

　　左腳並不是他唯一的問題。這麼多年來還有著更多的傷病：腿、肩膀、膝蓋、手腕、臀部、背部、手指。特製改造的鞋子實際上會讓他的膝蓋更容易受傷，但他需要那雙特製過的網球鞋才能夠打球。

禁藥指控

　　他們稱之為「港口行動」（Operación Puerto）。早在2004年至2006年間，西班牙警方展開一項涉嫌運動禁藥關係網絡的調查。規模涉及數名世界頂尖自行車手和自行車隊。在一片混亂中，一家歐洲報紙聲稱，身陷

醜聞之中的歐菲米亞諾‧富恩特斯（Eufemiano Fuentes）醫生（後來被撤除所有指控）有一份客戶名單，其中包括拉法‧納達爾。

在沒有提供任何一絲不利於他的證據之下，納達爾立即提出抗議捍衛他的清白，並否認他曾在任何情況下使用過禁藥。不幸的是，懷疑的種子已經種下，在隨後的幾年裡，其他網球選手散佈不實謠言，稱他服用了提高表現的藥物。一位備受矚目的法國政治家，該國的衛生和體育部長羅絲琳‧巴舍洛（Roselyne Bachelot）則更進一步。2016年，她在一次電視採訪中公開指責他服用禁藥。納達爾後來以誹謗罪控告她，聲稱她的言論損害了他的形象，並獲得了12000歐元的賠償，而後捐贈給了慈善機構。

「我不僅是要捍衛我作為一名運動員的正直和形象，也要捍衛我整個職業生涯所保有的價值，」納達爾在法庭裁決後說。「我也希望避免任何公眾人物在沒有任何證據或依據的情況下，利用媒體對運動員做出侮辱或不實指控，然後沒有受到懲罰。」重要的是要十分明確的說明一件事：從來沒有一絲證據顯示納達爾有使用禁藥。他一直在捍衛自己的清白。「我是一個完全乾淨的人，」他在接受《洛杉磯時報》採訪時說。「在我的整個職業生涯中，我非常努力，當我受傷，我就是受傷了。我從不以任何東西來換取更快回歸，而且從來沒有做錯事的誘惑。我堅信這個運動以及這個運動的價值觀。這是孩子們的榜樣。如果我做的是背道而馳的事情，我欺騙的是自己，而不是我的對手。」

> 的確，在我整個職業生涯中，我經歷過一些艱難情況，但帶著正面的態度和身邊圍繞著對的人——他們是關鍵所在——我能夠找到繼續前進的方法。

——拉法‧納達爾

國際網球總會根據網球反禁藥計劃管理增強表現藥物的檢測。其適用於所有網球菁英級別的球員，包括四大滿貫賽、ATP巡迴賽、WTA巡迴賽和奧運。球員有義務在任何時候接受尿液和血液檢測，不論是在比賽或非比賽時期，都不會事先通知。此外，世界排名前100名的選手在沒有參加比賽的情況下，也必須每天知會檢測人員他們的行蹤。在大多數的年份中，只有少數球員被測出違反了禁藥規定。

在2021年期間（在著手這本書時所獲得的最新數據），納達爾總共接受了14次的藥檢（2次在比賽期間，12次在非比賽期）。比如，2019年，他接受了29次檢測；2018年，20次。在他整個職業生涯中，他從未檢測出任何非法物質呈陽性。而不幸的是（鑑於完全缺乏證據，許多人會說這是非常不公平的），納達爾的名字曾經與禁藥有關。

奧運紀錄

納達爾在單打和雙打中都獲得過金牌。他是大滿貫20俱樂部中最成功的：羅傑‧費德勒曾獲得單打銀牌，而諾瓦克‧喬科維奇曾獲得銅牌。

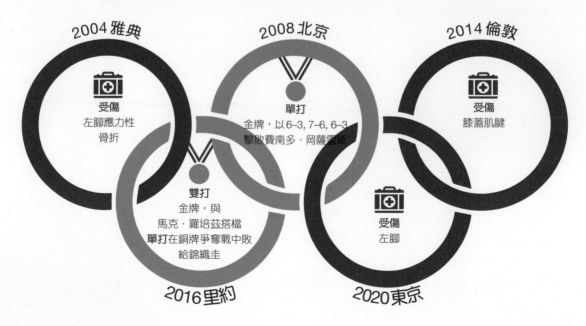

2004 雅典
受傷
左腳應力性骨折

2008 北京
單打
金牌，以6–3, 7–6, 6–3
擊敗費南多‧岡薩雷斯

2014 倫敦
受傷
膝蓋肌腱

2016 里約
雙打
金牌，與
馬克‧羅培茲搭檔
單打在銅牌爭奪戰中敗
給錦織圭

2020 東京
受傷
左腳

關鍵之戰

北京奧運

2008年8月17日
國家網球中心，北京，中國
決賽：拉法·納達爾 vs. 費南多·岡薩雷斯
拉法·納達爾以6-3、7-6、6-3擊敗費南多·岡薩雷斯

奧運很少會出現非常高水準的網球比賽。真正有看頭的罕見情況是當球員試圖要達成所謂的金滿貫（Golden Slam）：所有四大滿貫賽單打冠軍，以及同一年度的奧運單打金牌。當然，這個機會每4年才有1次，賦予它極度特別的聲譽。

納達爾從未有機會奪得金滿貫。只有施特菲·葛拉芙（Steffi Graf）曾經達成。事實上，納達爾並沒有在同一年度贏得所有四大滿貫賽的單打冠軍（即「年度大滿貫」）。然而，也不是因為沒有嘗試過；他在2010年贏得了法網、溫網和美網冠軍。

即便如此，他的這場2008年奧運金牌賽還是值得特別提及，正因為它讓納達爾獲得的積分，終於打斷了費德勒在世界第1球王寶座上4年半的統治期。

2008年8月那炎熱的一天，當2號種子的納達爾對上12號種子的智利選手費南多·岡薩雷斯（Fernando Gonzalez），站在北京奧林匹克國家網球中心的主球場網子兩端時，後者可能更具信心。他贏得了兩人之前對戰的2場硬地比賽。兩名球員在此次籤表中都取得驚人的成績。岡薩雷斯打進決賽之路可說是更容易，他直到4強賽才丟失1盤，那場比賽中，他在決定性第三盤中以11-9戰勝美國選手詹姆斯·布雷克（James Blake）。與此同時，納達爾在緊張的首輪開幕賽中失了1盤，在4強賽對戰喬科維奇時也失了1盤。

納達爾身穿白色五分褲，深橘色無袖上衣（左胸上別著一枚小小的西班牙徽章），頭繫淺橘色頭帶，雙膝皆圍著護帶，以他典型的橫暴風格開

場，首次發球就直擊中線，接著用一個強力的正手拍阻殺岡薩雷斯隨後的回擊。智利人穿著較保守的黑白色網球服，看起來很緊張。當時，他擁有世界上最具破壞性的正拍之一……偶爾他會用它來發揮巨大的作用。但在這個特殊的日子裡發揮得還不夠。而對於納達爾，正如所有對手都知道的，你只需在你的盔甲上露出一個微小的縫隙，他就能夠毫不留情地將它撕開。

　　第一盤，納達爾取得3-0的領先，最終以6-3拿下。然而，值得一看的是第二盤的比賽，當岡薩雷斯以一記漂亮的、無法回擊的側身正手拍進入優勢發球區時，他取得2個盤末點的機會。但是，在奮力取得這個領先優勢之後，他浪費掉2個盤末點。第一個是太過輕率的凌空截擊出界，第二個是正拍回擊掛網。

上圖：只有另外一名男球員（安德烈·阿格西）贏得奧運單打金牌以及四大滿貫賽單打冠軍。

　　這些失誤更進一步令他感到焦慮，導致他在接下來的搶七中犯了3個正拍失誤。西班牙人最終以7-2的懸殊比數拿下。

　　從那時起，納達爾主導了比賽，在第四局連得4分率先破發，取得3-1領先。岡薩雷斯奮力拼搏，德克瑞丙烯酸塗料（DecoTurf）的硬地球場上，兩名球員的鞋子嘎吱作響的聲音越來越大聲。但岡薩雷斯一切的奮戰也只是延遲必然會發生的事實，因為他的對手隨後以6-3結束了這一盤，贏得這場比賽和奧運金牌。

　　後來，在頒獎典禮上，穿著不合尺寸西班牙運動服的納達爾從西班牙同胞胡安·安東尼奧·薩馬蘭奇（Juan Antonio Samaranch）手中接過獎牌。岡薩雷斯當然就是獲得了銀牌，而銅牌則是由喬科維奇拿下，他在銅牌爭奪戰中擊敗了詹姆斯·布雷克。沒錯，納達爾咬住了他的金牌，就像他咬住他所贏得的每一座獎盃一樣。最後，他把西班牙國旗當成斗篷般披

在身上,讓一群攝影師拍照留念。

「我知道要贏得這些東西有多麼困難,尤其是在這裡,因為你每4年只有1次機會,」他在賽後的媒體記者會上說。「在網球界,大滿貫比這裡重要一些。但在這裡,你每4年只有1次機會。重要的是,在這裡獲勝,我覺得我為整個國家贏得了勝利,這感覺更特別,對吧?我為很多人贏得了勝利,不僅僅是為了我自己。」

後來,他重新評定了此次獲勝的重要性。「很榮幸成為西班牙體育奧運成員的一分子,」他說,「我在奧運期間經歷了一些令人難忘的事,這是你在巡迴賽中找不到的,即便是在大滿貫中。那經驗是我一生中最美好的經歷之一。」

或許納達爾贏得奧運金牌最重要的點是,它在後來使他完成了所謂的生涯金滿貫(career Golden Slam):在職業生涯中的任何時期獲得了奧運金牌和所有四大滿貫賽的勝利。直到今天,只有2個人──納達爾和安德烈‧阿格西──實現了這一目標。

8

在西班牙的
名望

拉斐爾‧納達爾是史上最著名的西班牙運動員嗎？無庸置疑的是，他是西班牙最著名的網球運動員。在公開化年代時期（從1968年網球轉為職業運動，一直到現在），西班牙只有5名世界排名第1的單打選手：納達爾、卡洛斯‧莫亞（現為納達爾的教練）、胡安‧卡洛斯‧費雷羅、阿蘭查‧桑琪絲‧維卡里奧（Arantxa Sánchez Vicario）及加比涅‧穆古魯薩（Garbiñe Muguruza）。

但是，請記住，世界第1比比皆是。而納達爾總共有長達209週排名在世界第1（沒有其他西班牙人能做到這一點），迄今，他已經贏得了22座大滿貫冠軍。相比之下，莫亞、費雷羅、桑琪絲‧維卡里奧和穆古魯薩也只分攤了8座大滿貫冠軍。（在公開化年代之前，還有一位西班牙人值得一提，那就是曼努埃爾‧桑塔納〔Manuel Santana〕，他在1960年代贏得了溫網、美網和2次法網冠軍。）

那麼，其他運動呢？追溯至長遠的歷史，有很多來自西班牙的傳奇鬥牛士和回力球（pelota）運動員，但有鑑於其運動性質，他們幾乎沒有面臨到國外的競爭。直到獨裁者佛朗哥將軍去世（1975年）、西班牙後來的民主轉型（1980年代初）以及加入歐盟（1986年），這個國家才真正開始展現其體育實力，建立在政治穩定之上的經濟繁榮讓運動員（網球運動員、高爾夫球運動員、足球運動員、籃球運動員、自行車運動員和賽車手）大放異彩。

右圖：在馬德里接受未來的西班牙國王——菲利普王子的頒獎。

下頁圖：率領國家代表團出席2016年里約奧運開幕式。

或許最重要的催化劑是西班牙成功申辦了1992年在巴塞隆納舉辦的奧運。對於西班牙人和世界各地的觀眾來說，那個夏季，有169個國家、近1萬名運動員聚集在加泰隆尼亞首都參加比賽。這是冷戰結束後的第一屆夏季奧運，幾個前蘇聯加盟共和國和南斯拉夫共和國以獨立國協和個人

名義參賽。南非在被禁賽32年後首次允許參賽。德國自1960年代以來首次以統一團隊參賽。乘著所有這些正面積極的浪潮，並受益於主場優勢，西班牙選手共獲得了22枚獎牌，包括13枚金牌，在總獎牌榜上排名第6。

在這10年的其他時間裡，西班牙政府在全國各地建造了體育訓練設施。公眾和媒體也紛紛跟進，踴躍支持他們的新體育英雄。在基層，有數十項體育運動受益於政治的投資。

突然間，全世界開始認識西班牙新的優秀選手。在足球領域，我們會看到像是塞斯克·法比加斯（Cesc Fàbregas）、伊戈爾·卡西亞斯（Iker Casillas）、大衛·比利亞（David Villa）、塞吉歐·拉莫斯（Sergio Ramos）、費南多·托雷斯（Fernando Torres）、杰拉德·皮克（Gerard Piqué）、哈維·赫南德茲（Xavi Hernández）、勞爾·岡薩雷斯（Raúl González）、卡萊斯·普約爾（Carles Puyol）和安德烈斯·伊涅斯塔（Andrés Iniesta）這樣的球員。西班牙足球國家隊贏得了2010年世界盃（納達爾在更衣室一同慶祝），以及2008年和2012年的歐洲國家盃。

西班牙人也在高爾夫球場上熠熠生輝，首先是塞維·巴列斯特羅斯（Seve Ballesteros），然後是塞吉歐·賈西亞（Sergio Garcia）、何塞·馬里亞·奧拉薩瓦爾（與納達爾一起舉辦過一場慈善高爾夫錦標賽），米格·安哲爾·希梅尼茲（Miguel Angel

右圖：2010年，西班牙在南非贏得世界盃足球賽冠軍後，與西班牙門將伊戈爾·卡西亞斯和萊蒂西亞王妃（現為西班牙王后）合影。

上圖：2010年，出席在馬德里的皇家馬德里主場舉行的歐洲冠軍聯賽決賽。

下頁圖：2010年，與西班牙高球選手塞吉歐‧賈西亞在卡斯特利翁─德拉普拉納的一場錦標賽上。

Jiménez）和喬恩‧拉姆（John Rahm）都擁有龐大的粉絲群。在一級方程式賽車方面，費南多‧阿隆索（Fernando Alonso）在2005年和2006年二度為雷諾車隊（Renault）贏得世界冠軍，並且差一點也為法拉利贏得世界冠軍。在世界摩托車錦標賽方面，馬克‧馬爾克斯（Marc Marquez）贏得6次冠軍。在自行車公路賽方面，米格爾‧安杜蘭（Miguel Indurain）贏得5次環法自由車賽冠軍。

將網球選手的體育成就與賽車手、高爾夫球選手或籃球選手的體育成就相比較是一件困難的事。你不如就站在安達盧西亞（Andalucia）的果園中央，在正午炎日下，拿檸檬去跟橘子相比。你怎麼可能將網球大滿貫冠軍與一級方程式大獎賽（Formula 1 grand prix）的勝利相提並論？又如何能夠把ATP世界排名第1的週數與西甲聯賽（La Liga）中多次獲得冠軍的俱樂部球隊相比？

儘管體育指標存在著這些明顯的困難，但無論你用哪種方式衡量他的成功，納達爾仍然比他所有的同胞都更加閃耀：22座大滿貫單打冠軍；還有70座ATP冠軍；2枚奧運金牌（1枚單打；1枚雙打）；5次台維斯盃團隊勝利；209週世界排名第1；還五度成為年終球王。

2020年，西班牙最主要的體育報紙《馬卡報》（Marca）要求讀者投票選出他們國家有史以來最偉大的運動員，也就是GOAT（greatest of all

20座大滿貫俱樂部

在達到20座大滿貫冠軍的三巨頭中，納達爾看來如何？（數據統計至2022年6月）

	喬科維奇	納達爾	費德勒
贏得第20座時的年齡	34（2021溫網）	34（2020法網）	36（2018澳網）
贏得第20座時的大滿貫參加次數	65	60	72
最多的決賽連續紀錄	6	5	10
最多的獲勝連續紀錄	4	3	3（二次）
贏得第1座時的大滿貫參加次數	13	6	17
勝—負 v 喬科維奇	-	10-7	6-11
勝—負 v 納達爾	7-10	-	4-10
勝—負 v 費德勒	11-6	10-4	-

大滿貫明細：冠軍（勝場數）（統計至2022年6月）

	🎾 喬科維奇	🎾 納達爾	🎾 費德勒
澳網	9 (82)	2 (76)	6 (102)
法網	2 (85)	14 (112)	1 (73)
溫網	6 (79)	2 (53)	8 (105)
美網	3 (75)	4 (64)	5 (89)

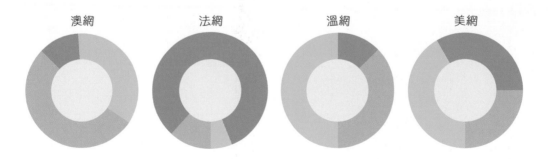

澳網　　　法網　　　溫網　　　美網

time）。「西班牙史上之最大戰」是他們針對16位西班牙傳奇運動員（大部分上面都有提到）進行淘汰投票的方式。以絕大領先獲勝的，當然就是納達爾。

「近年來，西班牙不乏體育方面的榮耀，因此要選出最傑出的明星幾乎是不可能的任務，」他們寫道。「然而，經過這場尋找國家史上最棒的運動員之戰，拉法‧納達爾獲得了這個獎項。」

在最近的一次採訪中，西班牙網球選手亞歷克斯‧科雷查非常準確地總結了他同胞的成功。「只要拉斐爾‧納達爾獲勝，我們都會獲勝，」2020年納達爾奪下生涯第20座大滿貫時，他這麼告訴體育網站sport.es。「我很難概括說明拉法對我們所有人的意義。對我來說，絕對尊重其他所有人，但他就是史上最偉大的西班牙運動員。我想要記住的是，拉法是個人，雖然他的表現就像是一台機器；他很脆弱敏感，即使他看起來像鋼鐵一般；而且他的比賽就像火山爆發一樣可以壓倒一切。」

歷史勝場數
就ATP巡迴賽的歷史勝利而言，納達爾非常接近於巔峰＊

＊2022年法網之後

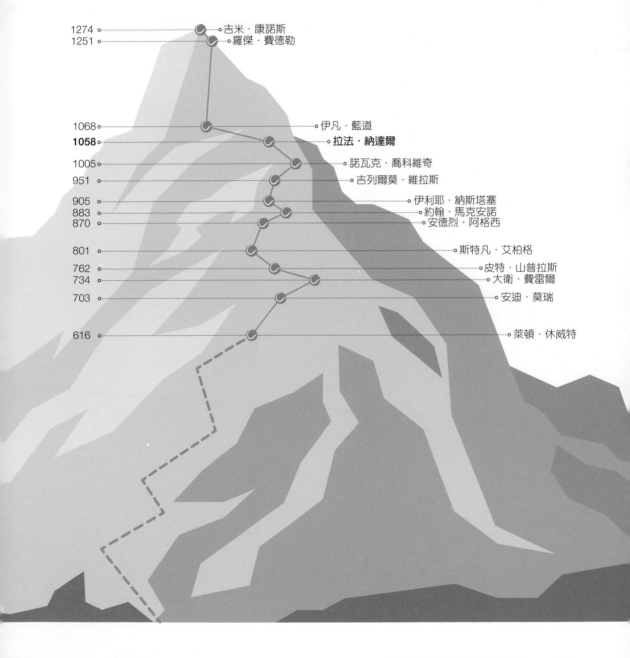

1274 — 吉米・康諾斯
1251 — 羅傑・費德勒

1068 — 伊凡・藍道
1058 — **拉法・納達爾**
1005 — 諾瓦克・喬科維奇
951 — 吉列爾莫・維拉斯
905 — 伊利耶・納斯塔塞
883 — 約翰・馬克安諾
870 — 安德烈・阿格西
801 — 斯特凡・艾柏格
762 — 皮特・山普拉斯
734 — 大衛・費雷爾
703 — 安迪・莫瑞
616 — 萊頓・休威特

我對拉法的敬意，也許高過世上其他所有球員；他是我一生中最大的對手。他所取得的一切成就，他對網球的奉獻和他練習的方式，以及關於網球的方方面面，他的這些特質都值得欽佩。

——諾瓦克・喬科維奇

關鍵之戰

美國網球公開賽

2010年9月13日

比莉‧珍‧金國家網球中心，紐約，美國

決賽：拉法‧納達爾vs.諾瓦克‧喬科維奇

拉法‧納達爾以6-4、5-7、6-4、6-2擊敗諾瓦克‧喬科維奇

2010年賽季無疑是納達爾最傑出的賽季。那年，他在法網、溫網、美網都奪冠，成為網球史上第一位於同一年在紅土、草地和硬地球場獲得大滿貫單打冠軍的男子選手。

那一年，世界排名第1的納達爾抵達位在紐約的美國網球協會比莉‧珍‧金國家網球中心（USTA Billie Jean King National Tennis Center），充滿活力和自信。他以未失一盤之姿，一路過關斬將打進決賽。另一方面，喬科維奇在第一輪對戰維克托‧特羅伊茨基（Viktor Troicki）則是被逼進一場殘酷的5盤大戰，這場比賽持續了3小時40分鐘。在4強賽對戰羅傑‧費德勒的比賽中，奮戰的時間更長，另一場艱苦的5盤大戰耗盡了他

的儲備能量。話雖如此，塞爾維亞人還是抱著與納達爾展開激烈之戰的決心。更確切地說，有時它更像是一場重量級拳擊而不是網球比賽。

雖然球員們往往能表現出最高水準，但賽事的電視轉播合作夥伴CBS卻讓他們失望了。決賽已經從週日延遲至週一，明知東海岸即將迎來一場暴風雨，他們還是堅持要晚一點開賽，以配合傍晚的觀看時間與商機。如果他們選擇提早舉行比賽，可能一切就會在下雨之前便結束了。

兩位對手（納達爾一襲黑衣搭配亮黃色球鞋，喬科維奇身穿白上衣黑短褲）帶著滿滿能量展開他們的對決，光是開賽前5局就耗費了半個多小時。開賽的第一分本身就是一場馬拉松，來回對抽超過19拍。在第二局比分30-30平分時，來回拍數更長，多達28拍。當球員們來到第五局，這顯然會是一場強勁的激戰，喬科維奇被迫面臨不少於6個破發點。納達爾讓其中5個機會從手中溜走，接著以一記猛力強勢的正拍致勝球破發成功。隨後，他迅速拿下第一盤。

塞爾維亞人在第二盤提高賭注，取得4-1領先，他們的叫喊聲和鞋子的嘎吱聲響宛如鐘擺交換般的讓多拍來回產生出一種奇異的催眠感。但納達爾奮力反擊，追趕至4-4，30-30平分。就在那時候，暴風雨來襲，比賽被延遲了近2個小時。

上圖：2010年美網是納達爾的第9座大滿貫單打冠軍。

當他們再度回到場上，兩名球員氣勢似乎更加高漲，卯足全力打得更為激烈。最後是由塞爾維亞人結束了第二盤。

如果納達爾為此而感到洩氣，他肯定也不會表現出來。他以一些驚人侵略的打法取下了第三盤。在第四盤的第三局中，他破了喬科維奇的發球局，接著一路狂奔取得全面勝利。3小時43分鐘後，喬科維奇最後一記正拍出界。納達爾直直往後躺在地板上，再翻滾至正面，雙手抱住頭，就像一個要擋子彈的人。他的情緒滿溢，背部上下起伏不已，因為他正開心地抽泣。

之後，他被問及分析他作為一名球員的最大優勢所在。「我認為在球場上的心理素質和態度總是對我有所幫助，」他說。「我在球場上很積極，我時時刻刻都在戰鬥，當我打得好時，強度總是很高，節奏很好。我可以在很長一段時間裡維持同樣的節奏和水準打球。」

喬科維奇對勝利者展現出風度。「像他這樣一位在非常年輕時就取得如此巨大成就的人來說，面對每一項賽事、每一場比賽，不論站在他對面的對手是誰，他都能夠持續不斷地激勵自己打出最佳表現，這真的是很棒的事。你不得不對他感到由衷的敬佩。他在球場上和球場外所做的一切，他是偉大的冠軍，很棒的人，是運動員的典範。」

但或許是知名的美國網球教練布拉德‧吉爾伯特（Brad Gilbert）最清楚簡明地總結了納達爾當晚的表現。他說，「拉法的毅力簡直是出乎預料，他就是不放棄，無論是在40-0領先，還是0-40落後的情況下。他就是每一分都不放棄。」

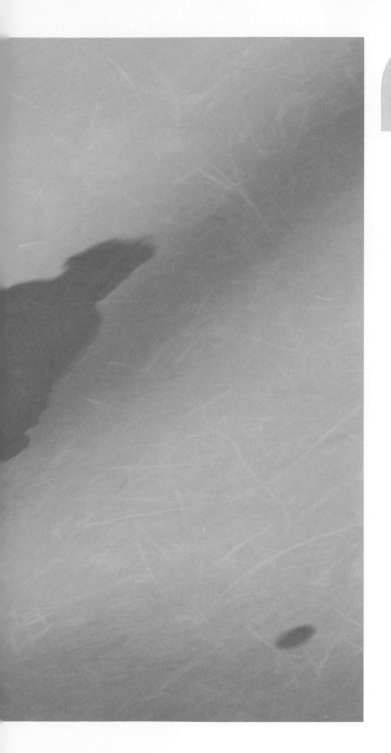

> 在我的職業生涯中，我第一次在這項賽事打出非常、非常出色的比賽。這就是我的感覺。我在美網最重要的時刻，打出了自己最好的一場比賽。

——拉法·納達爾，
於2010美網賽後

9

家庭與家人

在一個國家中，在一座島上，家庭成員常常形影不離，納達爾與他的家人比大多數人都更加如此。用關係緊密來形容實在是過於輕描淡寫了。這位網球運動員與他的父母、祖父母、阿姨、叔叔、侄子、侄女和表親之間的關係（他人生中的大部分時間都與他們緊挨在一起生活）非常親密。在經濟上、情感上、心理上和文化上，他們幾乎形同單一實體。

在他生命中的絕大多數時刻，這個家庭生活一直是快樂、穩定、團結、和諧、令人安心的親密。當納達爾感到心滿意足時，他整個大家庭都心滿意足。當他難過時，所有人都跟著難過。如第6章所述，納達爾家族就像一個「不帶惡意、也沒有槍支」的黑手黨家族。

因此，當他的父母，塞巴斯蒂安和安娜瑪麗亞在2009年宣布，他們在結婚近30年後打算離婚時，這個消息，特別是對納達爾來說，是一個毀滅性的打擊。

在澳網擊敗費德勒後，他的父親在回程的航班上，讓他兒子第一個知道自己將和他母親分居的消息。「很突然，完全沒有預警的，這個幸福的全家福破碎了，」他在他的傳記中寫道。「我生命中如此珍視的連續性被切成兩半，我所依賴的情感秩序受到驚人的打擊。」

左圖：2016年美國公開賽上的納達爾團隊。上排從左至右：他的母親安娜瑪麗亞，他的妻子希絲卡，妹妹瑪貝爾。中排：父親塞巴斯蒂安（紅衣）。下排：托尼叔叔（綠衣）和他的經紀人卡洛斯・科斯塔（藍衣）。

起初，這對納達爾在球場上的影響似乎是無足輕重的。那年春天，他在印第安泉、蒙地卡羅和羅馬皆贏得了大師系列賽冠軍。但來到法網時，他勇敢的面具開始出現裂痕。他在法網第4輪不敵瑞典球員羅賓．索德林。這是他在法網僅有的4次失利之一。隨著賽季的進行，他的統治力逐漸削弱，而膝傷突然復發，他說，由於父母在家鄉的關係破裂讓這個情況加劇惡化。那一年，他甚至沒有在溫網參賽。然後，更糟糕的是，在北美硬地的揮拍期間，他拉傷了腹部肌肉。到那年8月，他已經從世界第1跌至世界第3。的確，從全盤考量之下，這並不是一個徹底的災難，可是卻表明了父母親的紛亂可以如何影響著他的心智和身體。

　　「父母的離婚對我的生活造成巨大的改變，」他後來解釋道。「這影響了我。在那之後，我無法參加溫網，那是我最艱難的時刻。有整整一個月的時間，我都活在現實世界之外。」

　　幸運的是，其他的家人都團結起來支持他。到了2009年底，他意識到自己需要擺脫這種麻木狀態。在進行膝傷的專業治療後（見第7章），他開始扭轉命運。

左圖：在2009年馬德里公開賽上慶祝。

右圖：在父母分居後，納達爾在2009年法網輸給了索德林。他的痛苦全寫在臉上。

左圖：贏得2010年
美網勝利。

2010年在法網（對索德林復仇成功）贏得勝利、他的第2座溫網冠軍、也是他在美網的初次獲勝。是的，納達爾回來了；納達爾用盡全力地回來了。

兩年後，有傳言指出塞巴斯蒂安和安娜瑪麗亞再度復合。家族之外很少人能夠確定這是否屬實。更有可能的是，他們只是同意放下各自的分歧，一起參與納達爾的比賽，就如同他們過去一樣，努力讓兒子的網球生涯恢復一些穩定。

毫無疑問，他的支持團隊和他的家人在這場動盪中給予了重要的支撐。尤其是他的妹妹瑪貝爾，是他極大的安慰。

當納達爾和托尼叔叔一同在網球場上度過他的學年時光時，瑪貝爾正忙於發展自己的商業職業生涯。小時候，她就讀於家鄉著名的天主教學校Colegio Pureza de María。在這裡，她結識了瑪麗亞·法蘭希絲卡·佩雷羅（Maria Francisca Perelló），她將這個女孩介紹給她的哥哥，最終他們將結為連理。畢業後，瑪貝爾到巴塞隆納就讀體育科學和體育管理，並在馬約卡島帕爾馬學習企業管理。後來，她曾任職於IMG體育娛樂經紀公司（曾代表她的哥哥）、曼弗雷保險公司（她哥哥的贊助商之一）和桑坦德銀行（她哥哥的另一家贊助商）等公司。如今，她基本上受僱於她的哥哥，在納達爾網球學院負責行銷工作。這聽起來或許有些裙帶關係，但這進一步證明了納達爾家族的緊密聯繫。

右圖：納達爾的父母（2017年在法網）儘管已經離婚，但他們仍然是朋友。

納達爾的另一名員工是他的妻子希絲卡。儘管她嫁給了世界上最著名的運動員之一，但人們對她知之甚少。她是一個極重視隱私的人，幾乎從未同意接受採訪，這個情況讓她具有近乎神秘、謎樣的個性。正是由於馬約卡不尋常的傳統，也為名人提供他們所需的空間。她的隱私從未受到侵犯。如果她和納達爾住在歐洲其他任何地方，八卦報紙和狗仔隊就會不斷地追逐他們。這也是這對夫妻從未搬離小島的另一個原因。

在非常罕見的情況下，希絲卡的確接受了訪問，透過電子郵件來回答問題，沒有透露任何個人資訊。甚至在納達爾的自傳中，也只有幾行簡短的引述，溫和地說明她不喜歡跟納達爾一起旅行；她避開了公眾名人的世界，因為這會「令人窒息」。

1988年生於馬納科爾的瑪麗亞·法蘭希絲卡·佩雷羅，是經營一家房地產公司的伯納特（Bernat）和馬納科爾的市議會公務員瑪麗亞的獨生女。西班牙和國際媒體為她取了個綽號「希絲卡」，雖然納達爾和他的家人都叫她梅莉（Mery）或瑪麗（Mary），這兩種拼寫皆可。「我有很多名字，」她在最近接受西班牙版的《浮華世界》（Vanity Fair）雜誌採訪時說。「我身邊的人都叫我梅莉。第一次有人叫我希絲卡，是在媒體上。沒有人這麼叫過我，這是我最不認同的名字。」

在年輕的時候，納達爾對女孩非常害羞。是他的妹妹促使了希絲卡和她哥哥的交往。據眾人所知，她是他唯一一個認真交往的女朋友。

2019年10月，歷經了14年的愛情長跑，他們兩人在馬約卡島北部波連薩灣（Pollença）的 Sa Fortalesa 莊園結為連理。這個莊園最初是一座17世紀的堡壘，為了保護馬約卡島免受海盜入侵，這裡曾出現在BBC

左圖：2019年，
在馬德里台維斯盃
上的妻子希絲卡和
妹妹瑪貝爾。

改編自約翰‧勒卡雷（John Le Carré's）的《夜班經理》（The Night Manager）戲劇中。

　　納達爾家族一向謙遜，試圖避免名人婚禮的盛況和儀式。然而，他們邀請了前西班牙國王胡安‧卡洛斯一世和索菲亞王后，反而讓人們為此感到更加興奮。200名知名賓客名單上的其他人包括網球選手費利西亞諾‧洛佩茲（Feliciano López）、卡洛斯‧莫亞、大衛‧費雷爾、胡安‧摩納哥（Juan Mónaco）以及他們的伴侶。

上圖和右圖：
2019年，納達爾和希絲卡在馬約卡島結為連理。

紅土上的發球局VS接發球局數據比

50
60
40
70
30
80
20
90
10

拉法・納達爾
伊凡・藍道
諾瓦克・喬科維奇
安德烈・阿格西
斯特凡諾斯・西西帕斯
羅傑・費德勒
皮特・山普拉斯
丹尼爾・梅德韋傑夫

0/100

百分比

紅土上發球局獲勝百分比　　紅土上接發球局獲勝百分比

希絲卡畢業於巴利亞利群島大學，主修企業管理學，現在是她丈夫的兒童慈善機構——拉法‧納達爾基金會的總監。她的職責包括每年至少前往印度南部阿納恩塔普爾（Anantapur）的基金會學校（納達爾教育網球學校）一次。「我記得很清楚，當我第一次來到阿納恩塔普爾時對我的影響，」她告訴《浮華世界》。「他們活在一個與我們截然不同的現實中。看到他們在生活中的期望和優先選擇實在很難用言語形容。看到學校的孩子們如此珍惜我們給他們的衣服和鞋子令我感到震驚。他們把它們像寶藏一樣的放在家裡。」

儘管她從事著慈善事業，但希絲卡依然保持低調。她很少參與丈夫的比賽（除了他職業生涯中的重要時刻，她會與瑪貝爾和安娜瑪麗亞一同出現），總是低調行事，遠離鎂光燈。

這也是納達爾喜歡的方式。「我們認識一輩子了，我們從小就認識彼此，」他曾經說。「梅莉帶給了我穩定。」

圖：2011年在巴塞隆納的納達爾和希絲卡。

關鍵之戰

法國網球公開賽

2020年10月11日

羅蘭加洛斯球場,巴黎,法國

決賽:拉法・納達爾 vs. 諾瓦克・喬科維奇

拉法・納達爾以6-0、6-2、7-5擊敗諾瓦克・喬科維奇

「13」這個數字對許多人來說可能是不吉利的,但對於2020年秋季在羅蘭加洛斯球場的納達爾卻並非如此。在這場因新冠疫情而延賽的法網決賽中,他以3盤比數擊敗了諾瓦克・喬科維奇,僅用了2小時41分鐘收下自己在法網第13座獎盃和他的第20座大滿貫冠軍。實際上,比數(6-0、6-2、7-5)看似一面倒,但它並沒有完整顯現出對手喬科維奇在巴黎那個涼爽的日子裡所展現出來的水準。除了在美網因意外將球擊中線審的喉嚨而被取消比賽資格外,喬科維奇整年沒有輸過任何一場比賽。誠然,由於全球疫情大流行,賽季嚴重縮短,即便如此,打進決賽時,塞爾維亞人的狀態實在好得令人驚嘆。

但這還不足以使納達爾驚豔。西班牙人穿著一襲淡藍色上衣及短褲,繫上鮮紅色頭帶,僅用了45分鐘就以6-0拿下第一盤。在網球比賽中,這被稱為「吃下一個貝果」(bagel)。對於像喬科維奇這樣的球員,這簡直是恥辱。倒不是他打得不好,只是納達爾打得實在太好了。他在整個公開賽中都表現得非常出色,一路過關斬將以未失一盤之姿贏得最終的勝利。

在只有1000名付費觀眾,且全都帶著口罩的情況下,這場位於菲利普沙特里耶中央球場的比賽帶著一股陰鬱的氛圍。下雨迫使球場關閉新的可伸縮式屋頂——這是法網決賽在整個130年的歷史中首次在屋頂下進行。這放大了擊球的回聲,以及兩名球員在比賽期間奮力拚鬥時發出的叫喊聲。

納達爾也輕鬆拿下第二盤,他的發球落點往往精準完美。同時,喬科維奇並沒能解決自己過多的非受迫性失誤問題。塞爾維亞人一次又一次

左上圖及右上圖:
2020年法網,在菲利普沙特里耶中央球場的屋頂下,納達爾與諾瓦克・喬科維奇對決。

下圖:這場勝利是納達爾的第13座法網冠軍和他的第20座大滿貫單打冠軍。

地試圖以放小球設法讓對手失誤。有些奏效，但大多都失敗了。「很明顯地，我想要打亂他的節奏，」他在賽後說。「但他早已準備好了，他人就在那裡，他做好了準備。」

來到第三盤，喬科維奇試著要施加更多壓力。在他的發球局早早遭到破發後，他隨及回破了納達爾的發球局（這是整場比賽中唯一的一次），以握緊拳頭的怒吼作收這一局。在5-5平手時，塞爾維亞人再度面臨到自己的破發點。他冒著風險發出一記接近中線的發球。起初它看似在界內，但隨後在主審檢查紅土上的印記後，這球被判定為雙發失誤。

就心理上而言，這對喬科維奇來說太沉重了。在6-5領先的情況下，納達爾隨後在他的最後一個發球局讓對手完全沒得分，最後發出一記角度極大的ACE球，讓塞爾維亞人只能悲慘地看著球從他身邊掃過。接著，不同以往仰面倒地的慶祝方式，納達爾跪了下來，開心地大笑，他用手指指著並揮舞雙臂，然後跳起身去慰問對手。回到球場中央，他雙手抓起自己的上衣，咬在嘴中，似乎難以置信自己獲得了勝利。這是他在法網的第100場比賽。這是一場實至名歸的勝利。

觀眾寥寥無幾，頒獎儀式出奇的低調。此刻，納達爾和喬科維奇都已經戴上口罩，於是這一次，納達爾無法立刻咬住他的獎盃，然而在後來的一次巡禮中，他終於咬住了。

左圖：喬科維奇在落敗中展現運動家風範。「今天你無疑是紅土之王，」他說。

右圖：抱著火槍手獎盃。

「今天你無疑是紅土之王，」落敗者對勝利者說，致上對勝利者應有的尊重。

　　納達爾本人說：「在這裡獲勝對我至關重要。我在這裡度過了職業生涯中最重要的時刻。光是在這裡打球就是一種鼓舞，我和這座城市以及這個球場的深刻情感是永生難忘的。」

　　BBC的球評大衛‧勞（David Law）對於納達爾重要的第20座大滿貫冠軍感到震驚不已。「我不知道他在34歲時怎麼還能具備這樣的水準，」他說。「距離他第一次奪得這座冠軍已經15年了。而他還在，在他30多歲的時候，打出極具破壞性的網球。諾瓦克‧喬科維奇輸了。今天就算有2名球員，我也不認為足以阻擋住拉斐爾‧納達爾。現在他與羅傑‧費德勒並列齊名，這絕對是這項運動中的一個重要時刻。」

　　法網的賽事總監蓋‧弗爾蓋特（Guy Forget）談到這場比賽時說，「這超出了所有人的想像，也許將來會有人見證到更好的事，但在我心中，這是任何運動中所見過的，最了不起的體育成就。」

“

他在法網取得的成就，
很難用言語形容。每次
上場迎戰他，你會知道
自己必須像攀登聖母峰
那樣，才能努力戰勝眼
前這個人。

——諾瓦克‧喬科維奇

”

10

將臨的
未來

當天文學家以你的名字命名一顆小行星時，你就知道你出名了。2003年，馬約卡天文台發現了一顆未知的行星，直徑4公里，圍繞著我們的太陽系迅速飛馳。最初，他們為它編號為128036。5年後，當納達爾贏得他的第一座溫網冠軍時，他們向國際天文學聯合會（International Astronomical Union）提出了正式申請，詢問是否可以將其重新命名，藉以向他們島上最著名之子致意。

於是現在，這顆以每秒20公里的速度環繞我們太陽系的巨大石頭被稱為拉斐爾‧納達爾小行星。

在巴黎的羅蘭加洛斯球場，可以看到對這位偉大冠軍更為傳統的致敬方式，這裡是他取得許多重大勝利的地方。2021年5月，球員本人親臨現場，一座巨大的納達爾雕像揭幕，就放在新設的大門入口處，鄰近火槍手花園（Jardin des Mousquetaires）。這座雕像高約3公尺，由鋼鐵製成，捕捉到馬約卡島人以他強勁的左手凌空揮擊姿態。

這是西班牙雕塑家霍迪‧迪茲‧費南德茲（Jordi Díez Fernandez）的作品，他跟納達爾一起為這個作品揭幕。「我想用雕像傳達的是他所有特質的融合，或許可以歸結為一點：力量，」費南德茲解釋。「我所做的就是創作一座展現出他力量的拉法‧納達爾鋼鐵雕像。事實上，它是展現人類力量的紀念碑。」

右圖：2008年，他的首座溫網冠軍。

這位雕塑家記得在第一次見到納達爾時，他對這位球員的真實存在感到震驚。「他有著極限運動員的比例。但事實是，他打從一開始就非常真誠，非常謙遜，非常友善。依我看，拉法・納達爾是一個偶像，為我們所有人帶來啟發。當我們觀看納達爾的比賽時，他展現出所有這些特質，在某種程度上，這些特質啟發了我們探索自身內在的潛力。」

主導揭幕儀式是法國網球協會主席吉爾斯・莫爾頓（Gilles Moretton）。「拉法，自2005年以來，你的名字就一直與法網緊緊相連。」他在向這位創下歷史紀錄的法網冠軍致敬時說道。「你已經寫下、並且將繼續為比賽

上圖：羅蘭加洛斯球場的納達爾雕像。

以及你自己書寫精彩的歷史。」

在網球這類可追溯至1870年代的運動中，歷史是一項備受推崇的概念。如同許多其他完善的體育運動，網球迷和網球選手往往對歷史比賽紀錄有些著迷。其中有一項被公認是最重要的紀錄：大滿貫單打奪冠次數。

在本書的籌備過程中，納達爾以第22座大滿貫領先了此項紀錄（比他的2位偉大對手羅傑‧費德勒和諾瓦克‧喬科維奇多了2座）（譯註：截至2022年10月為止，喬科維奇擁有21座大滿貫）。納達爾擁有2座澳網、14座法網、2座溫網和4座美網冠軍。與此同時，喬科維奇擁有9座澳網、2座法網、6座溫網（譯註：現為7座溫網）和3座美網冠軍；費德勒擁有6座澳網、1座法網、8座溫網、5座美網冠軍。

我們應該慶幸能夠活在這樣一個輝煌成就的網球黃金時代。在這項運動的歷史上，從未有過3名男子球員一同建構出如此競爭、激動人心、引人入勝的相互較勁了。在這項運動的整個歷史中，只有另外5名男子球員（皮特‧山普拉斯、羅伊‧愛默生、比昂‧博格、羅德‧拉沃、比爾‧蒂爾登）贏得10座以上的大滿貫冠軍。（相較之下，在女子比賽中，有3名球員獲得了超過20座大滿貫女單冠軍：施特菲‧葛拉芙22座、賽琳娜‧威廉斯23座以及瑪格麗特‧考特24座。）

大多數球員都試圖將獲得多次大滿貫勝利的重要性降至最低。這是他們採取的一種心理策略，避免被所有這些歷史的壓力所壓垮，與其擔心未來的比賽，不如努力專注於當下。但事實是，對於最頂尖的球員來說，這是他們始終掛記在心的目標，一直縈繞在他們的腦海中。

特別是對於美國體育記者來說，網球的大滿貫紀錄已經成為一種痴迷。它符合他們稱之為「史上最偉大」（也就是GOAT）的廣泛概念。權威、專家及業餘愛好者總是無休止地爭論每項運動中的GOAT是誰，以及是什麼成果使他們有資格獲得這個地位。然而，在網球比賽中，爭論是沒有意義的，因為GOAT的地位明確建立在大滿貫男單冠軍的數量上。

納達爾在這個問題上仍然相當含糊。2021年，在西班牙《國家報》的一次採訪中，他說：「我從來沒有隱瞞過這件事，那就是我想要以史上最棒的、並且擁有最多大滿貫冠軍的球員身份退休。但我不會為此失眠。這並不是說我沒有對自己施加壓力。我只是說出我的感受：我當然希望以這樣的方式結束我的職業生涯。當然，這對我來說是一個目標，但我並不

場上的王者

大滿貫、金滿貫（所有四大滿貫賽冠軍和奧運金牌），然後是紅土大滿貫——法網以及蒙地卡羅、羅馬和馬德里舉行的ATP大師賽。只有納達爾擁有紅土大滿貫……還有一些巴塞隆納公開賽的冠軍。

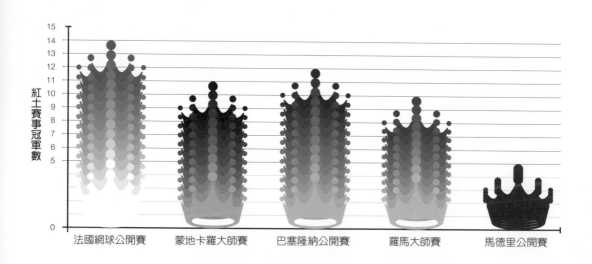

左圖：2017年，獲得第10座法網冠軍之後。

右圖： 2019年在倫敦舉行的ATP年終賽。從左至右：多明尼克·提姆、諾瓦克·喬科維奇、馬泰奧·貝雷蒂尼、羅傑·費德勒、亞歷山大·茲維列夫、丹尼爾·梅德韋傑夫和斯特凡諾斯·西西帕斯。

沉迷於此。我的首要目標是為我正在做的事情感到快樂。」

隨後，當他在2022年6月的法網贏得個人第22座大滿貫之後，他說道：「我們實現了我們的夢想：我、羅傑、諾瓦克。我們達成了或許我們自己都感到不可思議的事。這無關誰擁有更多的大滿貫冠軍。這是一個目標，讓我自己有機會繼續做我喜歡做的事情。」

納達爾和喬科維奇都還在35歲上下，只要他們的身體維持健康，他們倆也許可以再打個5年。但反觀費德勒，現在已經年過40，雖然這位瑞士冠軍沒有這麼承認過，但讓他繼續留在場上的目標肯定只有一個，就是試圖比他的2個競爭對手獲得更多的大滿貫冠軍。如果你能細看這3名球員的精神熱忱，或許那正是真正激勵他們3人發揮到最極致的原因。

網壇三巨頭的未來會怎麼樣？費德勒肯定很快就要退休了，僅僅是因為他日漸老化的身體。喬科維奇看來還是活力充沛、有著強烈的野心，至少從書面上看來，他最有機會增添他的大滿貫紀錄（儘管他對於疫苗的態度在一定程度上阻礙了他的野心）。那我們最感興趣的那個人呢？我們對納達爾有什麼樣的期望？

毫無疑問，他的慢性腳傷的嚴重程度，總是持續困擾著他。2022年在法網奪冠後，他表示他計劃接受一種稱為神經燒灼的治療方式，並在必

要時考慮接受大型手術，以便在未來能夠繼續比賽。

　　不久前，當被問及何時退休時，他仍然語帶保留，「我不知道。網球是一種心理層面的比賽，不是數據上的。一旦時機成熟，自然就會知道了。」

　　當那一日終將來到時，還是有很多事情讓這個人有得忙。例如，納達爾家族的所有商業興趣；還有納達爾網球學院。他最近表示，他希望專心致力於他的慈善基金會：「拉法・納達爾基金會」，該基金會幫助弱勢貧困兒童。

　　他自己的孩子呢？雖然沒有任何未來的小納達爾會處於弱勢地位的風險，但納達爾總是堅持要等到他從職業生涯退休後，再與妻子希絲卡建立一個家庭。而她已經接近35歲了，如果他再打個幾年，或許網球選手和父親的身分會有所重疊。

左圖：2019年，與羅傑・費德勒在日內瓦舉辦的拉沃盃。

右圖：2006年，法網。

> 在馬約卡島，我可以做自己。我會去超市和電影院，我就只是拉法。每個人都認識我，那沒什麼大不了的。我可以在外面一整天——沒有人會拍照。

——拉法·納達爾

納達爾紀錄大全

他是第一位贏得

連續大滿貫冠軍

的男子選手，分為在3種不同比賽場地
——紅土、草地和硬地球場

納達爾與羅傑・費德勒
並列在單個大滿貫賽事中
最多勝場數紀錄，雙方都

贏得112場比賽

——納達爾在法網，而費德勒在溫網

納達爾是網球歷史上3位男子
選手中第二位在紅土、草地、
硬地球場上分別贏得至少

2座大滿貫冠軍

的球員，第三位是諾瓦克・喬科維奇，
但第一位是瑞典選手馬茨・韋蘭德

納達爾是史上唯6名球員

登上
球王
寶座

在ATP巡迴賽週數超過

200週

納達爾是男子巡迴賽中
第三位生涯總獎金超過

1億美元

的選手，另外還有
諾瓦克・喬科維奇
和羅傑・費德勒

納達爾在羅蘭加洛斯的

14次法網決賽中

從未有人能將他逼到第五盤

納達爾是第一位在

四大滿貫賽中

以未失一盤之姿獲勝的球員
（2008、2010、2017、2020法網）

2005至2007年間，他在紅土打出

81 場連勝紀錄

從蒙地卡羅大師賽開始，於漢堡大師賽結束。
唯一一位能接近此紀錄的選手是阿根廷的吉列
爾莫·維拉斯，在1977年連勝了53場比賽

自從轉職業球員
以來，納達爾

從未

在紅土上連續輸過
2場比賽。

納達爾是

唯一一位

4度在同年贏得法網
和美網的男單選手
（2010、2013、
2017、2019）

納達爾以耐力著稱——
他是5盤比賽中獲勝排名
第1的球員，勝率高達

88.2%

在網球中，「貝果」盤
指的是以6-0獲勝。
納達爾擁有對陣世界排名
第1的選手時

最多的「貝果」紀錄

納達爾晉級賽季末的ATP年終賽資格
（11月與世界8強相互對決），創下

連續 17 年

的紀錄（2005-2021）

「我是一個非常注重家庭的人，」他在接受阿根廷《國家報》採訪時說。「你永遠不會知道未來會發生什麼，但我知道我會組成一個家庭。我會有孩子，我不知道會有幾個，我很愛小孩，但這不會是一個人單方面決定的——這是兩個人的事。我想要有幾個孩子，但我沒辦法告訴你會是兩個、三個還是四個。」

納達爾解釋了他總是以個人和家庭生活來衡量他的成功，而不是以任何金錢或比賽冠軍的積累。「真正的成功是擁有朋友、擁有家人、照顧他們，並感受到人們和大眾的愛，這非常重要。但更重要的是感受到身邊人們的愛。」

當納達爾談到他在網球方面的成就時，他說他寧願被人們記得的是一個很棒的人，而不是一個很棒的網球運動員。「最終，這項運動永遠都會在。你所取得的成就也將留存下來。但是當你的職業生涯結束時，人們會依你所達成的成就來看待你。這個成就並不是贏得多少座冠軍，而是你在網壇上所結交的朋友；以及你如何善待他人。而我希望，在這些年來，這一直是我謹慎對待的事情。我覺得是這樣的，無論我到哪裡，人們都會欣賞我——無論是賽事舉辦者，還是巡迴賽上我希望能夠保有聯繫的人。」

迄今為止，在他21年的職業生涯中，納達爾取得了這麼多的成就，著實非凡。在球場上，擁有22座大滿貫單打冠軍；還有70座ATP冠軍；職業生涯金滿貫；2枚奧運金牌；5次台維斯盃團隊勝利；209週世界排名第1；5度拿到年終世界排名第1；紅土球場81場連勝（公開化年代歷史上單種場地最長連勝紀錄）。

在場下，我們必須為他的網球學院和慈善基金會喝采。就算他總是忙於比賽，沒有時間親自去建構這些，但它們仍是了不起的成就。

當他回顧這一切時，他意識到自己至今為止是多麼幸運。「我很幸運，生命中發生的一切，現在所擁有的一切。我所做的總是讓我開心，我感謝世界各地所有愛我的人。這一切美好的事物，我只能感謝生命。」

左上圖：2019年，在布里斯本和孩子們一起打球。

右上圖：參加西班牙綜藝節目《El Hormiguero》

左下圖：2017年贏得法網賽後，與球童們一起合影。

右下圖：納達爾在溫網奪冠後回到馬納科爾。

關鍵之戰

澳洲網球公開賽

2022年1月30日

墨爾本球場，墨爾本，澳洲

決賽：拉法‧納達爾 vs. 丹尼爾‧梅德韋傑夫

拉法‧納達爾以2-6、6-7、6-4、6-4、7-5擊敗丹尼爾‧梅德韋傑夫

這是他職業生涯中最驚人的復出嗎？在2022年的澳網決賽中，納達爾在先失2盤的情況下逆轉戰局，贏得他創紀錄的第21座大滿貫單打冠軍，他肯定是這麼認為的，在羅德拉沃球場上他的大多數支持者當然也是。

在墨爾本球場的高溫和濕度中，他展現出的努力和身體素質都令人印象深刻。但，當你想到他在澳網賽前所歷經的損傷時，這讓他的成就變得更加耀眼了。

這名35歲的球員之前甚至不確定是否能參加比賽。在過去6個月大部分的時間裡，他飽受可能需要動手術的慢性腳傷而缺賽，這妨礙了他的訓練，並限縮了他的比賽練習。有一度，他甚至擔心自己可能再也無法回到場上打球了。此外，就在賽事開始的前幾週，他染上了新冠病毒，進一步打亂了他的準備工作。

即便如此，他還是以第6種子的身分來到墨爾本參賽，而且狀態好得出奇。在前4輪中，他只失掉1盤。接著，他遇到了考驗：在8強賽對上丹尼斯‧沙波瓦洛夫挺過5盤大戰；在4強賽對戰馬泰奧‧貝雷蒂尼打了4盤。於是，在決賽中，當他的俄羅斯對手丹尼爾‧梅德韋傑夫（比他年輕10歲）以2盤比數領先時，球迷們感到同情，這一切看起來就像比賽要結束了。

但正如我們多年來所知道的那樣，跟納達爾的比賽永遠不會結束。他可說是史上最頑強、最堅毅的球員。即使他處在最谷底，他從不放棄。

在梅德韋傑夫以6-2、7-6領先的情況下，納達爾需要動用一切的超能力來扭轉戰局。關鍵時刻出現在第三盤的第六局，他面臨到3個破發點。

3個全都成功保住了。接著，在第九局中，西班牙人看到自己的進攻機會。梅德韋傑夫一記輕鬆的截擊發生失誤，隨後納達爾破發成功，並拿下這一盤。這是他開始要逆轉所需的基礎。

第四盤的比賽中，緊張氣氛明顯升高，總共出現了15個破發點，納達爾拿下了其中的2個，將比賽帶入決定性的第五盤。

為了向對手施壓，他常常挨近底線，執行了一些巧妙並有效的反拍切球和小球。無庸置疑，他也得到現場群眾奮力吶喊的幫助，他們有時會十分強勢地對梅德韋傑夫的非受迫性失誤拍手叫好。俄羅斯人顯然感到煩擾，甚至懇求主審遏止其中太過失控的觀眾。

最後，經過長達5小時24分鐘的史詩大戰，納達爾連下4分結束最後一局。他拋開球拍，對自己所達成的成就不可置信地搖了搖頭：神乎其技；最不可思議的大逆轉。

「這真是太神奇了——這一切發生的方式更是無與倫比，」他後來說。「毫無疑問，這是我職業生涯中最特別的冠軍之一，因為在缺賽6個月後，也不確定我的腳是否能夠負荷職業比賽之下，能夠以這種方式參賽，這是意想不到的，對我來說是個很大的驚喜。」

他形容自己「體力已消磨殆盡」。情緒也非常激動。事實上，實在是太過亢奮了，以至於比賽結束後的當晚他無法入睡。

「我感到幸運，能夠在我的網球生涯再達到一項非常特別的紀錄，」他在獲得第21座大滿貫獎盃後說道。「我不太在乎我是或不是那個第一人；或我是或不是歷史上最偉大的。」

但，這只是謙遜地說法。他臉上洋溢的笑容證明了，與羅傑‧費德勒和諾瓦克‧喬科維奇相互競爭史上之最，是一場他不顧一切想要贏得的戰鬥。

道賀很快地從四面八方湧入。「這是一場艱鉅的決賽，」澳洲網球傳奇羅德‧拉沃，為西班牙人頒發了獎盃。「考慮到你所忍受的一切，這場史詩級的勝利是如此特別，拉法，看著你做你喜歡做的事情，是一種榮幸。」

前美國冠軍比莉‧珍‧金同樣驚嘆不已。「5小時大滿貫決賽的身心馬拉松需要勇氣、膽量、意志和決心，」她說，「真是實至名歸的復出！」

費德勒顯然也對他的對手感到敬佩。「不可置信的比賽！」他說。「致我的朋友及偉大的對手，衷心祝賀你成為第一個贏得21座大滿貫男單冠軍的人。驚人。永遠不要低估一個偉大的冠軍。你令人難以置信的職業道德、奉獻精神和戰鬥精神激勵著我和世界各地無數的人。」

關鍵之戰

法國網球公開賽

2022年6月5日

羅蘭加洛斯球場，巴黎，法國

決賽：拉法‧納達爾 vs. 卡斯珀‧魯德

拉法‧納達爾以6-3、6-3、6-0擊敗卡斯珀‧魯德

22座大滿貫冠軍。納達爾在男子網壇上的紀錄是否會被超越？在法網首次奪冠的17年後，納達爾再次贏得法網冠軍……這是第14次。以36歲的年歲，奠定了他不僅是歷史上最成功、也是最年長的法網男單冠軍。

然而，在此刻之前的幾週裡，很少人認為西班牙人能夠舉起他最愛的火槍手獎盃。在馬德里舉行的ATP大師賽上，他輸掉了8強賽；在羅馬，他未能挺進8強；肋骨骨折和慢性腳傷使他在身體和心理上都不堪負荷。

抵達巴黎後，他深受腳傷所苦。事實上情況嚴重到，在這2週的賽事間，他的醫生多次為他注射麻醉劑，讓神經麻痺。「這就是為什麼我能夠在這2週內上場比賽，因為我的腳沒有任何感覺，」納達爾後來透露。

儘管醫療策略增加了他在球場上扭傷腳踝的風險，尤其考量到在紅土上需要的所有滑步移動，但最終它發揮了極佳效果。在前3輪的比賽中，面對經驗較不足的球員，納達爾未失一盤。第一次面臨到的考驗是在第4輪對上賽會第9種子，加拿大的菲利克斯‧奧格‧阿里亞辛，巧的是，他現在的教練是納達爾的親叔叔及前教練，托尼‧納達爾。顯然叔叔依對姪子的深刻洞悉做足了完善準備，因為納達爾被逼至5盤大戰。

進入到8強賽，這位馬約卡島人面對的是賽會頭號種子諾瓦克‧喬科維奇。在這場歷史性的第59次對決中，納達爾一開賽就來勢洶洶，輕鬆拿下第一盤。喬科維奇花了一段時間才適應節奏，很快地，塞爾維亞人提高自己的能量水準，奮力扳平比賽。

事實證明這是一場史詩級的對決，不管怎樣，它應該要是賽事的決

賽。拿下第三盤後，納達爾隨及在第四盤陷入困境，他面臨到2個盤末點，而他顯然不想將比賽帶到第五盤。他奮力反擊，將比分扳為6-6。最終，歷經4小時11分鐘，在這場從5月打到6月的比賽中，他終於戰勝了他的塞爾維亞對手。

「要戰勝喬科維奇只有一種方式，就是從第一分到最後一分都要發揮出最好的水準，」納達爾後來說。「今天對我來說是神奇的夜晚之一，出乎意料的水準。」

在4強賽中，納達爾幾乎沒有受到考驗，因為在第二盤時，他的德國對手亞歷山大·茲維列夫腳踝嚴重受傷，被迫退賽。

於是，決賽對決的是23歲的挪威球員卡斯珀·魯德（Casper Ruud），比納達爾年輕13歲。這場比賽沒有展現出任何出色的球技（雙方都是）。但有一個有趣的地方是，魯德是（而且從他十幾歲時就一直是）納達爾在馬約卡島網球學院的一名學生。他承認他的大部分比賽風格都在模仿他的校長。雖然這2名球員稱不上是歐比王·肯諾比（Obi-Wan Kenobi）和路克·天行者（Luke Skywalker），但他們曾多次一起練習，而這是他們在職業比賽中的首次對決。

這位挪威年輕好手首次打大滿貫決賽的緊張情緒表露無遺，他錯失了第一分。而這位身穿綠色短褲和黃色上衣的老師，對他的學生絲毫不留情，連續的正拍上旋攻擊對手的反拍，將他逼退至球場的遠角。他還多次破了對手的發球局。當比賽進入第三盤，也就是最後一盤時，納達爾在各方面都遠勝於挪威人。最後他連下11局贏得勝利，最後一盤僅花了30分鐘。

「很難形容我的感受，」納達爾賽後在中央球場所有球迷的面前說道。「這是我從未想過的事情：36歲還能站在這裡，再次具有競爭力。能在我職業生涯中最重要的球場打球對我來說意義非凡。我不知道未來會發生什麼事，但我會繼續戰鬥，繼續努力。」

結語
納達爾與我

我的年歲使我有幸得以見證拉法‧納達爾的整個職業生涯，從早熟的少年到世界頂尖的三十多歲。我見過高峰、也看過低谷。我見證了輝煌的勝利，也見證了危及職業生涯的傷病。

這個馬約卡島人第一次引起我的注意是在2000年，當時他13歲，在法國塔布（Tarbes）贏得了Les Petits As青少年錦標賽，這項賽事是許多年輕球員對廣大世界展現自己的機會。體育記者往往會在心裡記下冠軍。其中一些冠軍在成人比賽中取得了未來的成就。其他人後來都半途而廢了。很明顯地，納達爾對半途而廢並不感興趣。

我第一次見到他是在2003年4月的蒙地卡羅大師賽上，當時他16歲，首次亮相。那一年，他擊敗了法網前冠軍阿爾伯特‧科斯塔。那時我正擔任英國網球雜誌《Ace》的編輯。一位非常敏銳的記者同事堅信，這個來自馬約卡島的年輕人具備一切成為未來冠軍的條件。我不太確定，但總之我還是假裝認同，在俱樂部的比賽休息室為雜誌做採訪。我還記得他當時俯身在撞球桌上，假裝在擊球，我拍了幾張照。

3年半後，我們再次見面，那時的納達爾已迅速長成了冠軍。那是2006年10月在巴黎，那是我唯一一次成功突破公關的保護牆和不斷包圍他的媒體朋友們。《GQ》雜誌委任我寫一篇文章，我一大早搭上歐洲之星從倫敦趕到法國首都。這名球員預定要上一個法國體育電視節目《Stade 2》。我採訪他的機會是從飯店到電視攝影棚的接送車上。我們聊到了他對馬約卡島的熱愛（「我確定我會待在馬約卡島一直到老」），他正在調整自己的比賽風格，這樣他就不必在球場上有那麼多跑動，還有最近跟他名字扯上關聯的禁藥醜聞。他漠然地將後者視為「一派胡言」。

然後我樂天地提到關於他女朋友的話題，希望他能透露一些獨一無二的秘密。「我不想談論我和女朋友的關係，」他說。「那是我的私事，有時候他們會在雜誌上編故事並刊登私人照片。我不喜歡這樣的媒體。」

　　多年來，還有其他幾次與納達爾交談的機會。不過，大多都是在記者會上的混戰中，除了對於剛剛結束的比賽一些枯燥乏味的想法之外，幾乎搜集不到任何東西。

　　我真正想要的是有機會跟納達爾在他的家鄉碰面。幾年後終於等到了，這一次是因為他的健身器材贊助商，讓我飛到馬約卡島為《GQ》做採訪，主要談的是關於他的健身計劃。

　　我抵達了他的訓練中心（這是在他創立學院的幾年前），一整天大部分的時間都在閒晃，等待接受採訪的允諾。惱人的是，他的公關主管一直在改動行程。上午的會面被延至午餐時間，然後又改到下午。

　　最後，在傍晚時分，從最初會面地方驅車一段很長的路程後，我終於拜會到他。不出所料地，原先承諾的半小時縮減至20分鐘左右。不過，納達爾一如既往地迷人。我們愉快地聊著他的健身運動、他的膝蓋傷勢、他的套索正拍、西班牙的體育成就、他對鐵板紅蝦（gambas a la plancha）的熱愛，以及他在運動時聽的音樂（邦喬飛是一定有的）。老實說，我覺得他並不知道我一整天都在等待，若我告訴他，他可能會感到抱歉。

　　這些年來我與納達爾的4次個人接觸都讓我留下了相似的印象。他是一個迷人、可愛的人。儘管他當然非常富有（鑑於他的職業道德，這是理所當然的），但他對於享譽全球隨之而來的一切並不感興趣。他也沒有像許多世界名人那般散發出明星的光芒。這或許可以說明為什麼那麼多人形容他「親切和善」。他就是美國人口中帥氣的運動男。運動幾乎是他感興趣的一切，無論是網球、足球、高爾夫球還是釣魚。

　　半個世紀後，當納達爾年華老去，他當然不會再打網球或在沙灘踢足球了。但他仍在他的地中海島嶼上。如果他仍然在高爾夫球場上揮杆並且在他的遊艇後方釣魚，請不要感到驚訝。雖然那艘遊艇或許會比他現在的遊艇更大、更豪華。

照片來源
PICTURE CREDITS

入魂 18

紅土之王：拉法‧納達爾
Rafa Nadal - The King of the Court

作者　多明尼克‧布利斯（Dominic Bliss）
譯者　李伊婷

堡壘文化有限公司

總編輯	簡欣彥	行銷企劃	許凱棣、曾羽彤
副總編輯	簡伯儒	封面設計	萬勝安
責任編輯	簡伯儒	內頁構成	李秀菊

讀書共和國出版集團

社長	郭重興
發行人兼出版總監	曾大福
業務平臺總經理	李雪麗
業務平臺副總經理	李復民
實體通路暨直營網路書店組	林詩富、陳志峰、郭文弘、賴佩瑜、王文賓
海外暨博客來組	張鑫峰、林裴瑤、范光杰
特販通路組	陳綺瑩、郭文龍
電子商務組	黃詩芸、李冠穎、林雅卿、高崇哲、沈宗俊
閱讀社群組	黃志堅、羅文浩、盧煒婷
版權部	黃知涵
印務部	江域平、黃禮賢、李孟儒

出版	堡壘文化有限公司
發行	遠足文化事業股份有限公司
地址	231 新北市新店區民權路 108-2 號 9 樓
電話	02-22181417　傳真　02-22188057
Email	service@bookrep.com.tw
郵撥帳號	19504465 遠足文化事業股份有限公司
客服專線	0800-221-029
網址	http://www.bookrep.com.tw
法律顧問	華洋法律事務所　蘇文生律師
印製	韋懋實業有限公司
初版 1 刷	2022 年 10 月
定價	新臺幣 450 元
ISBN	978-626-7092-82-8　eISBN 978-626-7092-84-2 (PDF)　eISBN 978-626-7092-85-9 (ePub)

有著作權　翻印必究
特別聲明：有關本書中的言論內容，不代表本公司／出版集團之立場與意見，文責由作者自行承擔

國家圖書館出版品預行編目（CIP）資料

紅土之王：拉法‧納達爾／多明尼克‧布利斯（Dominic Bliss）著；李伊婷譯.
-- 初版 . -- 新北市：堡壘文化有限公司出版：遠足文化事業股份有限公司發行，
2022.10
　面；　公分 . --（入魂；18）
譯自：Rafa Nadal - The King of the Court
ISBN 978-626-7092-82-8（平裝）

1. CST: 費德勒 (Nadal, Rafael)　2. CST: 網球　3. CST: 運動員　4. CST: 傳記

784.618　　　　　　　　　　　　　　　　　　　　111014669